dt v

In den Pickwick Papers erzählt ein Handlungsreisender zwei Geschichten. Der Held der einen ist Tom Smart, ein Freund seines Onkels, der Held der anderen ist sein Onkel selbst. Lauter Handlungsreisende.

Die beiden Helden sind viel unterwegs (mit der Kutsche), beide sind Bewunderer und Beschützer schöner Frauen, beide sind trinkfest (Punsch!), beide sind an sich von fröhlichem Naturell, aber bei Bedarf doch von mannhafter Entschlossenheit – Tom Smart mehr diplomatisch, der Onkel draufgängerisch. Dazu gibt es ungemütliches (für den Leser malerisches) Regenwetter, prasselndes Kaminfeuer in behaglicher Wirtsstube, Mondschein, Geister-Erscheinungen, schelmische Blicke, geflüsterte Hilferufe sowie ein bürgerliches und ein tragisch romantisches happy end.

So, jetzt weiß der Leser, was ihn erwartet. Er tut sich einen Gefallen, wenn er außerdem darauf achtet, was für ein umwerfend guter Erzähler der Handlungsreisende ist – oder dessen Autor: Charles Dickens, 1812–1870.

Charles Dickens
The Bagman's Tales
Die Erzählungen des Handlungsreisenden

Übersetzung und Nachwort von Dieter Mehl
Illustrationen von Willy Widmann

Deutscher Taschenbuch Verlag

dtv zweisprachig · Edition Langewiesche-Brandt
herausgegeben von Kristof Wachinger

Juni 2002, 1. Auflage
Deutscher Taschenbuch Verlag GmbH & Co KG, München
www.dtv.de
© Langewiesche-Brandt, Ebenhausen bei München
Überarbeitete Neuausgabe des 1957 bei Langewiesche-Brandt
und 1973 im dtv erschienen Buches
Umschlagkonzept: Balk & Brumshagen
Umschlagbild: «Mr Pickwick»,
Ausschnitt aus einem Aquarell von Frank Reynolds,
mit freundlicher Genehmigung des Dickens House, London
Satz: Greiner & Reichel, Köln
Druck und Bindearbeiten: Kösel, Kempten
Gedruckt auf säurefreiem, chlorfrei gebleichtem Papier
ISBN 3-423-09418-4. Printed in Germany

The two tales of the bagman from *The Posthumous Papers of the Pickwick-Club*

Die zwei Erzählungen des Handlungsreisende aus den *Nachgelassenen Aufzeichnungen des Pickwick-Clubs*

Did you ever hear of the great commercial house of Bilson and Slum? But it doesn't matter though, whether you did or not, because they retired from business long since. It's eighty years ago, since the circumstance happened to a traveller for that house, but he was a particular friend of my uncle's: and my uncle told the story to me. It's a queer name; but he used to call it

The Bagman's Story,

and he used to tell it, something in this way:

One winter's evening, about five o'clock, just as it began to grow dusk, a man in a gig might have been seen urging his tired horse along the road which leads across Marlborough Downs, in the direction of Bristol. I say he might have been seen, and I have no doubt he would have been, if anybody but a blind man had happened to pass that way; but the weather was so bad, and the night so cold and wet, that nothing was out but the water, and so the traveller jogged along in the middle of the road, lonesome and dreary enough.

Haben Sie jemals von dem großen Handelshaus Bilson &
Slum gehört? Aber es tut nichts zur Sache, ob Sie davon gehört haben oder nicht, denn die Herren haben sich schon
lange aus dem Geschäftsleben zurückgezogen. Es ist nun
achtzig Jahre her, seit folgende Begebenheit einem Reisenden dieses Hauses zustieß, aber er war ein spezieller Freund
meines Onkels, und mein Onkel erzählte mir die Geschichte.
Es ist ein merkwürdiger Titel – er nannte sie immer

Die Geschichte des Handlungsreisenden

und er erzählte sie immer ungefähr so:

An einem Winterabend, etwa um fünf Uhr, als es gerade dämmrig zu werden begann, hätte man einen Mann
in einem leichten zweirädrigen Wagen sehen können, der
sein müdes Pferd die Straße entlangtrieb, welche über die
Hügel von Marlborough in Richtung Bristol zu führt. Ich
sage «hätte man sehen können», und ich zweifle nicht,
man hätte ihn gesehen, wenn irgend jemand, der nicht
blind war, gerade dieses Weges gekommen wäre; aber das
Wetter war so schlecht und die Nacht so kalt und nass,
dass niemand draußen war als das Wasser, und so zog der
Reisende in der Mitte der Straße dahin, einsam und trüb-

If any bagman of that day could have caught sight of the little neck-or-nothing sort of gig, with a clay-coloured body and red wheels, and the vixen-ish ill-tempered, fast-going bay mare, that looked like a cross between a butcher's horse and a two-penny post-office pony, he would have known at once, that this traveller could have been no other than Tom Smart, of the great house of Bilson and Slum, Cateaton Street, City. However, as there was no bagman to look on, nobody knew any-thing at all about the matter; and so Tom Smart and his clay-coloured gig with the red wheels, and the vixenish mare with the fast pace, went on together, keeping the secret among them, and nobody was a bit the wiser.

There are many pleasanter places even in this dreary world, than Marlborough Downs when it blows hard; and if you throw in beside, a gloomy winter's evening, a miry and sloppy road, and a pelting fall of heavy rain, and try the effect, by way of experiment, in your own proper person, you will experience the full force of this observa-tion.

The wind blew – not up the road or down it, though that's bad enough, but sheer across it, send-ing the rain slanting down like the lines they used to rule in the copybooks at school, to make the boys slope well. For a moment it would die away, and the traveller would begin to delude himself into the belief that, exhausted with its previous fury, it had quietly lain itself down to rest, when, whoo! he would hear it growling and whistling

selig genug. Wenn irgendein Handlungsreisender zu jener Zeit den kleinen halsbrecherischen Wagen mit dem lehmfarbenen Oberteil und den roten Rädern erblickt hätte, und dazu die borstige, bösartige, schnellfüßige rotbraune Mähre, die wie eine Kreuzung aus einem Metzgerpferd und einem billigen kleinen Kutschengaul aussah, dann hätte er sofort gewusst, dass dieser Reisende kein anderer sein konnte als Tom Smart von dem großen Hause Bilson & Slum, Cateaton Street, City. Da aber kein Handlungsreisender in der Nähe war, der es hätte sehen können, wusste niemand etwas von der Sache; und so zogen Tom Smart in seinem lehmfarbenen Wagen mit den roten Rädern und seiner borstigen schnellfüßigen Mähre zusammen weiter und hüteten das Geheimnis unter sich; und niemand war eine Spur klüger als zuvor.

Es gibt selbst in dieser trüben Welt viele angenehmere Orte als die Hügel von Marlborough bei scharfem Wind; und wenn Sie dazu noch einen düsteren Winterabend, eine schmutzige, unebene Straße und einen kräftig prasselnden Regenfall nehmen und das Ganze, versuchsweise, an Ihrer eigenen werten Person ausprobieren, dann können Sie die volle Gewalt dieser Beobachtung erfahren.

Der Wind blies – nicht die Straße hinauf oder hinab, obgleich das schlimm genug ist, sondern genau quer über den Weg, und sandte den Regen schräg herunter wie die Linien, die man in Schulheften zu machen pflegte, um den Knaben schön schräg schreiben beizubringen. Ab und zu hielt er für einen Augenblick an, und der Reisende begann sich in den Glauben hineinzuwiegen, dass er sich, erschöpft von seinem bisherigen Dahinrasen, still zur Ruhe begeben habe, dann aber – huu! – hörte er ihn

in the distance, and on it would come rushing over the hill-tops, and sweeping along the plain, gathering sound and strength as it drew nearer, until it dashed with a heavy gust against horse and man, driving the sharp rain into their ears, and its cold damp breath into their very bones; and past them it would scour, far, far away, with a stunning roar, as if in ridicule of their weakness, and triumphant in the consciousness of its own strength and power.

The bay mare splashed away, through the mud and water, with drooping ears, now and then tossing her head as if to express her disgust at this very ungentlemanly behaviour of the elements, but keeping a good pace notwithstanding, until a gust of wind, more furious than any that had yet assailed them, caused her to stop suddenly, and plant her four feet firmly against the ground, to prevent her being blown over. It's a special mercy that she did this, for if she *had* been blown over, the vixenish mare was so light, and the gig was so light, and Tom Smart such a light weight into the bargain, that they must infallibly have all gone rolling over and over together, until they reached the confines of earth, or until the wind fell; and in either case the probability is, that neither the vixenish mare, nor the clay-coloured gig with the red wheels, nor Tom Smart, would ever have been fit for service again.

"Well, damn my straps and whiskers," says Tom Smart, (Tom sometimes had an unpleasant knack of swearing), "Damn my straps and whiskers," says Tom, "if this ain't pleasant, blow me."

von ferne grollen und pfeifen, und schon kam er wieder, über die Hügel daherbrausend und über die Ebene fegend, während er im Näherkommen Stimme und Kraft sammelte, bis er mit einem mächtigen Stoß gegen Pferd und Mann prallte, den scharfen Regen in die Ohren und seinen kalten, feuchten Atem bis auf ihre Knochen trieb. Dann jagte er an ihnen vorbei, weit, weit weg, mit ohrenbetäubendem Brüllen, wie um ihre Schwäche lächerlich zu machen, triumphierend im Vollgefühl der eigenen Kraft und Gewalt.

Die rotbraune Mähre plantschte mit hängenden Ohren durch den Schmutz und das Wasser; zuweilen stieß sie den Kopf vor, wie um ihren Abscheu vor diesem unfeinen Benehmen der Elemente auszudrücken; trotzdem lief sie sehr schnell, bis ein Windstoß, wilder als alle, die sie bisher angefallen hatten, bewirkte, dass sie plötzlich anhielt und ihre vier Beine fest gegen den Boden stemmte, um nicht umgeblasen zu werden. Es war wirklich ein Segen, dass sie dies tat, denn wären sie davongeblasen worden – die borstige Mähre war so leicht und der Wagen war so leicht und Tom Smarts Gewicht obendrein war so gering, dass sie unweigerlich alle über- und untereinandergerollt worden wären, bis sie die Enden der Erde erreicht hätten oder der Wind nachgelassen hätte; und es ist jedenfalls wahrscheinlich, dass weder die borstige Mähre noch der lehmfarbene Wagen mit den roten Rädern noch Tom Smart jemals wieder diensttauglich gewesen wäre.

«Nun, potz Hosenträger und Schnurrbart», sagt Tom Smart (Tom hatte zuweilen einen unangenehmen Hang zum Fluchen) – «potz Hosenträger und Schnurrbart», sagt Tom, «wenn das kein Spaß ist, da blas mich doch gleich …!»

You'll very likely ask me, why, as Tom Smart had been pretty well blown already, he expressed this wish to be submitted to the same process again. I can't say – all I know is, that Tom Smart said so – or at least he always told my uncle he said so, and it's just the same thing.

"Blow me," says Tom Smart; and the mare neighed as if she were precisely of the same opinion.

"Cheer up old girl," said Tom, patting the bay mare on the neck with the end of his whip. "It won't do pushing on, such a night as this; the first house we come to we'll put up at, so the faster you go the sooner it's over. Soho, old girl – gently – gently."

Whether the vixenish mare was sufficiently well acquainted with the tones of Tom's voice to comprehend his meaning, or whether she found it colder standing still than moving on, of course I can't say. But I can say that Tom had no sooner finished speaking, than she pricked up her ears, and started forward at a speed which made the clay-coloured gig rattle till you would have sup-posed even one of the red spokes was going to fly out on the turf of Marlborough Downs; and even Tom, whip as he was, couldn't stop or check her pace, until she drew up, of her own accord, before a road-side inn on the right-hand side of the way, about half a quarter of a mile from the end of the Downs.

Tom cast a hasty glance at the upper part of the house as he threw the reins to the hostler, and

Sie werden mich nun sehr wahrscheinlich fragen, warum Tom Smart, der doch schon recht hübsch durchgeblasen war, den Wunsch äußerte, dieselbe Behandlung noch einmal über sich ergehen zu lassen. Ich kann darüber nichts sagen. Ich weiß nur, dass Tom Smart diesen Ausspruch tat – oder wenigstens erzählte er meinem Onkel stets, dass er ihn tat, und das ist genau dasselbe.

«Da blas mich doch gleich …!» sagt Tom Smart und die Mähre wieherte, als sei sie genau derselben Meinung.

«Kopf hoch, Mädchen», sagte Tom und gab der rotbraunen Mähre mit dem Peitschenende einen Klaps auf den Nacken. «Es hat keinen Sinn, weiterzufahren in so einer Nacht; wir wollen beim ersten Haus, an das wir kommen, absteigen. Also, je schneller du läufst, desto schneller ist es vorbei. So-ho, Mädchen, sachte – sachte.»

Ob nun die borstige Mähre genügend mit dem Ton von Toms Stimme vertraut war, um zu begreifen, was er meinte, oder ob sie dachte, es sei kälter, stillzustehen als weiterzulaufen, das kann ich natürlich nicht sagen. Aber ich kann sagen, dass Tom seine Rede kaum beendet hatte, als sie auch schon ihre Ohren aufrichtete und davonrannte mit einer Geschwindigkeit, die den lehmfarbenen Wagen so rattern ließ, dass man denken musste, jede der roten Speichen würde hinaus auf das Gras der Marlborough-Hügel fliegen, und selbst Tom, der ein guter Kutscher war, konnte ihn weder anhalten noch bremsen, bis das Tier von sich aus an einem Gasthaus an der rechten Seite der Straße vorfuhr, etwa eine halbe Viertelmeile vom Ende der Hügel entfernt.

Tom warf einen schnellen Blick auf den oberen Teil des Hauses, während er dem Stallknecht die Zügel hin-

stuck the whip in the box. It was a strange old
place, built of a kind of shingle, inlaid, as it were,
with cross-beams, with gable-topped windows
projecting completely over the pathway, and a
low door with a dark porch, and a couple of steep
steps leading down into the house, instead of the
modern fashion of half a dozen shallow ones, leading up to it. It was a comfortable-looking place
though, for there was a strong cheerful light in
the bar-window, which shed a bright ray across
the road, and even lighted up the hedge on the
other side; and there was a red flickering light

warf und die Peitsche in den Halter steckte. Es war ein seltsames altes Gebäude, errichtet aus einer Art von flachen Steinen, verstärkt, wie es schien, durch Querbalken, mit spitzgliebligen Fenstern, die über die ganze Einfahrt herausragten, und einer niedrigen Tür mit einem dunklen Eingang und zwei hohen Stufen, die hinunter in das Haus führten, statt eines halben Dutzends flacher Stufen, die nach oben führen, wie es heute Mode ist. Das Haus sah aber gemütlich aus, denn da war ein helles, freundliches Licht im Fenster der Wirtsstube, das einen kräftigen Strahl über die Straße warf und sogar noch eine Hecke auf der anderen Seite beschien; da

in the opposite window, one moment but faintly discernible, and the next gleaming strongly through the drawn curtains, which intimated that a rousing fire was blazing within. Marking these little evidences with the eye of an experienced traveller, Tom dismounted with as much agility as his half-frozen limbs would permit, and entered the house.

In less than five minutes' time, Tom was ensconced in the room opposite the bar – the very room where he had imagined the fire blazing – before a substantial matter-of-fact roaring fire, composed of something short of a bushel of coals, and wood enough to make half a dozen decent gooseberry-bushes, piled half way up the chimney, and roaring and crackling with a sound that of itself would have warmed the heart of any reasonable man. This was comfortable, but this was not all, for a smartly dressed girl, with a bright eye and a neat ankle, was laying a very clean white cloth on the table; and as Tom sat with his slippered feet on the fender, and his back to the open door, he saw a charming prospect of the bar reflected in the glass over the chimney-piece, with delightful rows of green bottles and gold labels, together with jars of pickles and preserves, and cheeses and boiled hams, and rounds of beef, arranged on shelves in the most tempting and delicious array. Well, this was comfortable too; but even this was not all – for in the bar, seated at tea at the nicest possible little table, drawn close up before the brightest

war auch ein roter, flackernder Schein im gegenüber-
liegenden Fenster, bald kaum wahrnehmbar, bald deutlich durch die zugezogenen Vorhänge leuchtend, was
anzeigte, dass drinnen ein lebhaftes Feuer brannte. Indem Tom diese kleinen Anzeichen mit den Augen eines
erfahrenen Reisenden wahrnahm, stieg er ab, so behend
es seine halb erfrorenen Glieder erlaubten, und betrat
das Haus.

In weniger als fünf Minuten saß Tom behaglich in
dem Raum gegenüber der Wirtsstube – demselben
Raum, in dem er sich das brennende Feuer vorgestellt
hatte – vor einem richtigen, handfesten, brausenden Kaminfeuer aus etwas weniger als einem Scheffel Kohlen
und genügend Holz, um daraus ein halbes Dutzend an-
ständiger Stachelbeerbüsche zu machen, das den halben
Kamin hinaufgestapelt war; es brauste und knisterte mit
einem Laut, der allein schon das Herz jedes vernünfti-
gen Mannes gewärmt hätte. Das war behaglich – aber
es war nicht alles, denn ein hübsch gekleidetes Mädchen mit blanken Augen und zierlichen Füßen legte ein
sehr sauberes weißes Tuch auf den Tisch; und als Tom
da saß, die in Pantoffeln steckenden Füße auf dem Ka-
mingitter und den Rücken zur offenen Tür gekehrt,
da hatte er in dem Spiegel über dem Kamin eine herr-
liche Aussicht auf die Wirtsstube mit den wunderbaren
Reihen von grünen Flaschen und goldenen Etiketten,
zusammen mit Gläsern von Gepökeltem und Eingemach-
tem, und auf Käse, gekochten Schinken und Rinder-
keulen, in der verführerischsten und köstlichsten Weise
auf Regalen angeordnet. Nun, das war ebenfalls behaglich – aber auch das war noch nicht alles, denn in der
Wirtsstube, am reizendsten aller kleinen Tischchen dicht

possible little fire, was a buxom widow of somewhere about eight and forty or thereabouts, with a
face as comfortable as the bar, who was evidently
the landlady of the house, and the supreme ruler
over all these agreeable possessions. There was
only one drawback to the beauty of the whole
picture, and that was a tall man – a very tall man
– in a brown coat and bright basket buttons, and
black whiskers, and wavy black hair, who was
seated at tea with the widow, and who it required
no great penetration to discover was in a fair way
of persuading her to be a widow no longer, but
to confer upon him the privilege of sitting down
in that bar, for and during the whole remainder
of the term of his natural life.

Tom Smart was by no means of an irritable
or envious disposition, but somehow or other the
tall man with the brown coat and the bright basket buttons did rouse what little gall he had in
his composition, and did make him feel extremely
indignant, the more especially as he could now
and then observe, from his seat before the glass,
certain little affectionate familiarities passing between the tall man and the widow, which sufficiently denoted that the tall man was as high in
favour as he was in size. Tom was fond of hot
punch – I may venture to say he was *very* fond
of hot punch – and after he had seen the vixenish
mare well fed and well littered down, and eaten
every bit of the nice little dinner which the widow
tossed up for him with her own hands, he just
ordered a tumbler of it, by way of experiment.

am hellsten aller kleinen Feuer, saß eine mollige Witwe von etwa achtundvierzig Jahren oder so, mit einem Gesicht, das so behaglich war wie die Wirtsstube – offensichtlich die Besitzerin des Hauses und die oberste Herrscherin über all diese angenehmen Besitztümer. Die Schönheit dieses ganzen Bildes hatte nur einen Nachteil: das war ein großer Mann – ein sehr großer Mann, in einem braunen Rock mit hellen Bastknöpfen, einem schwarzen Schnurrbart und welligem schwarzen Haar, der mit der Witwe an dem Teetischchen saß und der, wie man ohne großen Scharfsinn entdecken konnte, auf gutem Wege war, sie zu überreden, nicht länger eine Witwe zu sein, sondern ihm das Recht einzuräumen, in dieser Wirtsstube zu sitzen, jetzt und für den ganzen Rest seines irdischen Lebens.

Tom Smart hatte nun keineswegs ein reizbares oder neidisches Gemüt, aber irgendwie weckte dieser große Mann mit dem braunen Rock und den hellen Bastknöpfen das wenige, was er an Galle besaß, in ihm auf und machte ihn äußerst ungehalten – um so mehr, als er ab und zu von seinem Sitz vor dem Spiegel aus beobachten konnte, wie gewisse kleine zärtliche Vertraulichkeiten zwischen dem großen Mann und der Witwe vorgingen, die zur Genüge anzeigten, dass der große Mann ebenso hoch in ihrer Gunst stand wie er groß war. Tom hatte eine Vorliebe für heißen Punsch, ja ich darf wohl sagen, er hatte eine *große* Vorliebe für heißen Punsch – und nachdem er zugesehen hatte, dass seine borstige Mähre gut gefüttert und mit Streu versorgt war, und nachdem er auch den letzten Happen des netten kleinen warmen Abendessens verspeist hatte, das die Witwe ihm mit ihren eigenen Händen aufgetischt hatte, bestellte er,

Now if there was one thing in the whole range
of domestic art, which the widow could manu-
facture better than another, it was this identical
article; and the first tumbler was adapted to Tom
Smart's taste with such peculiar nicety, that he
ordered a second with the least possible delay.
Hot punch is a pleasant thing, gentlemen – an extremely pleasant thing under any circumstances –
but in that snug old parlour, before the roaring
fire, with the wind blowing outside till every tim-
ber in the old house creaked again, Tom Smart
found it perfectly delightful. He ordered another
tumbler, and then another – I am not quite certain
whether he didn't order another after that – but
the more he drank of the hot punch the more he
thought of the tall man.

"Confound his impudence," said Tom Smart
to himself, "what business has he in that snug
bar? Such an ugly villain too!" said Tom. "If
the widow had any taste, she might surely pick
up some better fellow than that." Here Tom's
eye wandered from the glass on the chimney-
piece, to the glass on the table, and as he felt
himself becoming gradually sentimental, he emp-
tied the fourth tumbler of punch and ordered
a fifth.

Tom Smart, gentlemen, had always been very
much attached to the public line. It had long been
his ambition to stand in a bar of his own, in a
green coat, knee-cords, and tops. He had a great
notion of taking the chair at convivial dinners,
and he had often thought how well he could

nur eben versuchsweise, einen Becher davon. Nun, wenn er es auf dem ganzen Gebiet der häuslichen Kunst eine Sache gab, auf deren Herstellung die Witwe sich noch besser verstand als auf anderes, so war es gerade dieser nämliche Artikel; und der erste Becher war mit so wunderbarer Genauigkeit auf Tom Smarts Geschmack abgestimmt, dass er mit dem geringstmöglichen Verzug einen zweiten bestellte. Heißer Punsch ist etwas Schönes, meine Herrn, etwas ungemein Schönes, in jeder Lage; aber in dieser behaglichen alten Stube vor dem brausenden Feuer, mit dem Wind, der draußen blies, bis jeder Balken des alten Hauses knarrte, fand Tom ihn schlechthin wunderbar. Er bestellte noch einen Becher und dann noch einen – ich weiß nicht ganz genau, ob er nicht nach diesem noch einen bestellte –, aber je mehr er von dem heißen Punsch trank, desto mehr dachte er über den großen Mann nach.

«Verwünscht sei seine Frechheit!» sagte Tom zu sich selbst. «Was hat er in dieser gemütlichen Wirtsstube zu suchen? Noch dazu ein so hässlicher Schuft!» sagte Tom. «Hätte die Witwe Geschmack, so könnte sie doch sicher einen besseren Mann auflesen als den.» Hier wanderten Toms Augen von dem Glas auf dem Kaminsims zu dem Glas auf dem Tisch, und da er spürte, dass er allmählich rührselig wurde, trank er den vierten Becher Punsch leer und bestellte einen fünften.

Tom Smart, meine Herren, hatte immer eine große Vorliebe für den Gastwirtsberuf gehabt. Lange schon war es sein Ehrgeiz gewesen, in einer eigenen Wirtsstube zu stehen, mit einem grünen Rock, Kniehosen und hohen Stiefeln. Er stellte es sich wunderbar vor, bei geselligen Gelagen den Vorsitz zu führen, und er hatte oft gedacht,

preside in a room of his own in the talking way, and what a capital example he could set to his customers in the drinking department. All these things passed rapidly through Tom's mind as he sat drinking the hot punch by the roaring fire, and he felt very justly and properly indignant that the tall man should be in a fair way of keeping such an excellent house, while he, Tom Smart, was as far off from it as ever. So, after deliberating over the two last tumblers, whether he hadn't a perfect right to pick a quarrel with the tall man for having contrived to get into the good graces of the buxom widow, Tom Smart at last arrived at the satisfactory conclusion that he was a very ill-used and persecuted individual, and had better go to bed.

Up a wide and ancient staircase the smart girl preceded Tom, shading the chamber candle with her hand, to protect it from the currents of air which in such a rambling old place might have found plenty of room to disport themselves in, without blowing the candle out, but which did blow it out nevertheless; thus affording Tom's enemies an opportunity of asserting that it was he, and not the wind, who extinguished the candle, and that while he pretended to be blowing it a-light again, he was in fact kissing the girl. Be this as it may, another light was obtained, and Tom was conducted through a maze of rooms, and a labyrinth of passages, to the apartment which had been prepared for his reception, where the girl bid him good night, and left him alone.

wie gut er sich in der eigenen Gaststube als Wortführer ausnehmen würde und welch ein großartiges Beispiel er seinen Gästen geben könne, wenn es ans Trinken ginge. All diese Dinge liefen hastig durch Toms Kopf, während er da saß und vor dem brausenden Feuer einen heißen Punsch trank, und er empfand einen sehr gerechten und ehrlichen Unmut darüber, dass der große Mann auf dem besten Wege sein sollte, ein so vorzügliches Haus unter sich zu haben, während er, Tom Smart, weiter denn je davon entfernt war. Nachdem er nun bei den letzten beiden Bechern darüber nachgedacht hatte, ob er nicht ein gutes Recht besitze, einen Streit mit dem großen Mann anzufangen, weil es dem gelungen war, bei der molligen Witwe in so hohe Gunst zu gelangen, kam Tom Smart zuletzt zu dem befriedigenden Schluss, dass er eine sehr schlecht behandelte und vom Schicksal verfolgte Kreatur sei und besser zu Bett gehe.

Das hübsche Mädchen führte Tom über ein breites altes Treppenhaus hinauf und schirmte dabei das Zimmerlicht mit der Hand, um es vor all den Windstößen zu schützen, die in solch einem weitläufigen alten Haus genug Raum gefunden hätten, sich zu tummeln, auch ohne das Licht auszublasen, die es aber trotzdem ausbliesen und so Toms Feinden Gelegenheit gaben zu behaupten, dass er und nicht der Wind die Kerze ausgelöscht habe und dass er, während er vorgab, sie wieder anzuzünden, in Wahrheit das Mädchen küsste. Wie dem auch sei, ein anderes Licht wurde beschafft und Tom wurde durch ein Gewirr von Zimmern und ein Labyrinth von Gängen zu dem Gemacht geführt, das man für seinen Aufenthalt hergerichtet hatte; hier wünschte ihm das Mädchen eine gute Nacht und ließ ihn allein.

It was a good large room with big closets,
and a bed which might have served for a whole
boarding-school, to say nothing of a couple of
oaken presses that would have held the baggage
of a small army; but what struck Tom's fancy
most, was a strange, grim-looking, high-backed
chair, carved in the most fantastic manner,
with a flowered damask cushion, and the round
knobs at the bottom of the legs carefully tied
up in red cloth, as if it had got the gout in its
toes. Of any other queer chair, Tom would only
have thought it *was* a queer chair, and there
would have been an end of the matter; but there
was something about this particular chair, and
yet he couldn't tell what it was, so odd and so
unlike any other piece of furniture he had ever
seen, that it seemed to fascinate him. He sat
down before the fire, and started at the old chair
for half an hour; – Damn the chair, it was such
a strange old thing, he couldn't take his eyes
off it.

"Well," said Tom, slowly undressing himself, and staring at the old chair all the while,
which stood with a mysterious aspect by the
bedside, "I never saw such a rum concern as
that in my days. Very odd," said Tom, who
had got rather sage with the hot punch, "Very
odd." Tom shook his head with an air of pro-
found wisdom, and looked at the chair again.
He couldn't make anything of it though, so he
got into bed, covered himself up warm, and
fell asleep.

Es war ein schönes, geräumiges Zimmer mit großen Wandschränken und einem Bett, das für eine ganze Internatsschule gereicht hätte, nicht zu reden von zwei Eichenschränken, die das Gepäck einer kleinen Armee hätten fassen können; was aber Toms Aufmerksamkeit am meisten auf sich zog, war ein seltsamer grimmig dreinsehender hochlehniger Stuhl, der mit äußerst phantastischen Schnitzereien versehen war, mit einem geblümten Damastpolster, die runden Enden der Beine sorgfältig mit rotem Tuch umwickelt, als ob er die Gicht in den Zehen hätte. Von jedem anderen merkwürdigen Stuhl würde Tom nur gedacht haben, es sei eben ein merkwürdiger Stuhl, und das wäre alles gewesen; aber mit diesem Stuhl hatte es irgendeine besondere Bewandtnis, und doch konnte er nicht sagen was es war, so unglaublich und so anders war er als alle Möbelstücke, die er je gesehen hatte, dass er ihn nicht loszulassen schien. Tom setzte sich vor das Kaminfeuer und starrten den alten Stuhl eine halbe Stunde lang an. Der Teufel hole den Stuhl! – es war ein so sonderbares altes Ding; er konnte seine Augen nicht davon abwenden.

«Nun», sagte Tom, während er sich langsam auszog und dabei unentwegt den alten Stuhl anstarrte, der mit einem geheimnisvollen Ausdruck neben dem Bett stand, «ich habe meiner Lebtage noch nie so etwas Verrücktes gesehen. Höchst ungewöhnlich», sagte Tom, den der heiße Punsch recht tiefsinnig gemacht hatte, «höchst ungewöhnlich». Tom schüttelte den Kopf mit einer Miene, die abgrundtiefe Weisheit ausdrückte, und sah wieder auf den Stuhl. Er konnte sich aber keinen Vers darauf machen, und so stieg er in sein Bett, deckte sich warm zu und schlief ein.

In about half an hour, Tom woke up with a start, from a confused dream of tall men and tumblers of punch: and the first object that presented itself to his waking imagination was the queer chair.

"I won't look at it any more," said Tom to himself, and he squeezed his eyelids together, and tried to persuade himself he was going to sleep again. No use; nothing but queer chairs danced before his eyes, kicking up their legs, jumping over each other's backs, and playing all kinds of antics.

"I may as well see one real chair, as two or three complete sets of false ones," said Tom, bringing out his head from under the bedclothes. There it was, plainly discernible by the light of the fire, looking as provoking as ever.

Tom gazed at the chair; and, suddenly as he looked at it, a most extraordinary change seemed to come over it. The carving of the back gradually assumed the lineaments and expression of an old shrivelled human face; the damask cushion became an antique, flapped waistcoat; the round knobs grew into a couple of feet, encased in red cloth slippers, and the whole chair looked like a very ugly old man, of the previous century, with his arms a-kimbo. Tom sat up in bed, and rubbed his eyes to dispel the illusion. No. The chair was an ugly old gentleman; and what was more, he was winking at Tom Smart.

Tom was naturally a headlong, careless sort of dog, and he had had five tumblers of hot punch

Nach etwa einer halben Stunde erwachte Tom plötzlich aus einem ungeordneten Traum von großen Männern und Bechern mit Punsch. Der erste Gegenstand, der sich seiner wachen Einbildung vorstellte, war der merkwürdige Stuhl.

«Ich will ihn nicht mehr anschauen», sagte Tom zu sich selbst; er drückte seine Augenlider zusammen und versuchte sich einzureden, dass er wieder weiterschlafe. Aber umsonst; nichts als merkwürdige Stühle tanzten vor seinen Augen, warfen ihre Beine in die Luft, sprangen einander über die Lehnen und machten allen erdenklichen Unsinn.

«Ich kann ebensogut einen echten Stuhl anschauen wie zwei oder drei ganze Garnituren von falschen», sagte Tom und streckte den Kopf wieder unter der Bettdecke hervor. Da war der Stuhl, deutlich sichtbar beim Schein des Feuers, und sah so aufreizend aus wie je.

Tom starrte ihn an, und plötzlich, während er ihn ansah, schien eine höchst außergewöhnliche Veränderung mit ihm vorzugehen. Das Schnitzwerk der Lehne nahm allmählich die Züge und den Ausdruck eines alten, eingeschrumpften menschlichen Gesichtes an; das Damastpolster wurde zu einer altertümlichen Weste mit Patten, die runden Knöpfe verwandelten sich in ein paar Füße, die in roten Stoffpantoffeln steckten, und der ganze Stuhl sah jetzt aus wie ein sehr hässlicher alter Mann aus dem vorigen Jahrhundert, der seine Arme in die Hüften gestemmt hatte. Tom setzte sich im Bett auf und rieb sich die Augen, um das Trugbild zu verscheuchen. Nein: der Stuhl war ein hässlicher alter Herr; und nicht genug damit, er zwinkerte Tom Smart zu.

Tom war von Natur ein draufgängerischer, sorgloser Bursche und er hatte obendrein fünf Becher heißen

into the bargain; so, although he was a little startled at first, he began to grow rather indignant when he saw the old gentleman winking and leering at him with such an impudent air. At length he resolved that he wouldn't stand it; and as the old face still kept winking away as fast as ever, Tom said, in a very angry tone –

"What the devil are you winking at me for?"

"Because I like it, Tom Smart," said the chair; or the old gentleman, whichever you like to call him. He stopped winking though, when Tom spoke, and began grinning like a superannuated monkey.

"How do you know my name, old nut-cracker face?" inquired Tom Smart, rather staggered; – though he pretended to carry it off so well.

"Come, come Tom," said the old gentleman, "that's not the way to address solid Spanish Mahogany. Dam'me, you couldn't treat me with less respect if I was veneered." When the old gentleman said this, he looked so fierce that Tom began to grow frightened.

"I didn't mean to treat you with any disrespect, Sir," said Tom; in a much humbler tone than he had spoken in at first.

"Well, well," said the old fellow, "perhaps not – perhaps not. Tom –"

"Sir –"

"I know everything about you, Tom; everything. You're very poor Tom."

"I certainly am," said Tom Smart. "But how came you to know that?"

Punsch zu sich genommen; so war er zwar zuerst etwas erschrocken, dann aber wurde er ziemlich ungehalten, als er den alten Herrn sah, wie er ihm zuzwinkerte und ihn so unverschämt angrinste. Schließlich entschied er, dass er es nicht länger hinnehmen wolle, und als das alte Gesicht fortfuhr, ihm immer weiter so deutlich zuzuzwinkern, sagte Tom in sehr ärgerlichem Ton:

«Was zum Teufel zwinkert Ihr mir fortwährend zu?»

«Weil es mir gefällt, Tom Smart», sagte der Stuhl, oder der alte Herr, wie immer Sie ihn nennen mögen. Er hörte aber wenigstens zu zwinkern auf, als Tom sprach, und begann zu grinsen wie ein ausgedienter Affe.

«Woher wisst Ihr denn meinen Namen, altes Nussknackergesicht?» fragte Tom, etwas verblüfft, obgleich er so unerschrocken tat.

«Na, na, Tom», sagte der alte Herr, «so spricht man nicht mit solidem spanischen Mahagoni. Verdammt nochmal du könntest mich nicht respektloser behandeln, wenn ich nur furniert wäre.» Als der alte Herr das sagte, sah er so wütend drein, dass Tom ängstlich zu werden begann.

«Ich hatte nicht die Absicht, Euch irgendwie respektlos zu behandeln, Sir», sagte Tom in einem viel bescheideneren Ton als er ihn zuerst angeschlagen hatte.

«Nun, nun», sagte der alte Kerl, «vielleicht nicht – vielleicht nicht. Tom …»

«Sir …»

«Ich weiß alles über dich, Tom – alles. Du bist sehr arm, Tom.»

«Ganz sicher bin ich das», sagte Tom Smart, «aber woher wisst Ihr es?»

"Never mind that", said the old gentleman;
"you're much too fond of punch, Tom."

Tom Smart was just on the point of protesting
that he hadn't tasted a drop since his last birth-
day, but when his eye encountered that of the
old gentleman, he looked so knowing that Tom
blushed, and was silent.

"Tom," said the old gentleman, "the widow's
a fine woman – remarkably fine woman – eh,
Tom?" Here the old fellow screwed up his eyes,
cocked up one of his wasted little legs, and looked altogether so unpleasantly amorous, that Tom
was quite disgusted with the levity of his behaviour; – at his time of life, too!

"I am her guardian, Tom," said the old gentleman.

"Are you?" inquired Tom Smart.

"I knew her mother, Tom," said the old fellow;
"and her grandmother. She was very fond of me –
made me this waistcoat, Tom".

"Did she?" said Tom Smart.

"And these shoes," said the old fellow, lifting
up one of the red-cloth mufflers; "but don't mention it, Tom. I shouldn't like to have it known that
she was so much attached to me. It might occasion
some unpleasantness in the family." When the
old rascal said this, he looked so extremely imper-
tinent, that, as Tom Smart afterwards declared,
he could have sat upon him without remorse.

"I have been a great favourite among the
women in my time, Tom," said the profligate old
debauchee; "hundreds of fine women have sat in

«Das lass meine Sache sein», sagte der alte Herr, «du hast eine viel zu große Vorliebe für Punsch, Tom.»

Tom Smart wollte eben anfangen zu beteuern, dass er seit seinem letzten Geburtstag keinen Tropfen getrunken habe, aber als sein Auge dem des alten Herrn begegnete, sah der ihn so wissend an, dass Tom errötete und schwieg.

«Tom», sagte der alte Herr, «die Witwe ist eine feine Frau, eine bemerkenswert feine Frau, wie, Tom?» Hier zog der alte Herr seine Augen zusammen, stützte eines seiner dürren kleinen Beine auf und sah überhaupt so unangenehm verliebt drein, dass Tom ganz angewidert war von der Leichtfertigkeit seines Betragens – noch dazu in diesem Alter.

«Ich bin ihr Vormund, Tom», sagte der alte Herr.

«Wirklich?» fragte Tom Smart.

«Ich kannte ihre Mutter, Tom», sagte der alte Kerl, «und ihre Großmutter. Sie hatte mich sehr gern – ließ mir diese Weste machen, Tom.»

«Wirklich?» sagte Tom Smart.

«Und diese Schuhe», sagte der alte Kerl und hob einen seiner roten Pantoffeln hoch, «aber behalte es für dich, Tom. Es wäre mir nicht lieb, wenn es bekannt würde, dass sie so eine Zuneigung zu mir hatte. Es könnte einige Unannehmlichkeiten in der Familie zur Folge haben.» Der alte Schelm sah so unverschämt drein, als er das sagte, dass Tom Smart, wie er später versicherte, sich ohne Gewissensbisse hätte auf ihn setzen können.

«Ich stand zu meiner Zeit bei den Frauen sehr in Gunst», sagte der verworfene alte Wüstling, «Hunderte von schönen Frauen haben stundenlang auf meinem

my lap for hours together. What do you think
of that you dog, eh?" The old gentleman was
proceeding to recount some other exploits of his
youth, when he was seized with such a violent
fit of creaking that he was unable to proceed.

"Just serves you right, old boy," thought Tom
Smart; but he didn't say anything.

"Ah!" said the old fellow, "I am a good deal
troubled with this now. I am getting old, Tom,
and have lost nearly all my rails. I have had an
operation performed, too – a small piece let into
my back – and I found it a severe trial, Tom."

"I dare say you did, Sir," said Tom Smart."

"However," said the old gentleman, "that's not
the point. Tom, I want you to marry the widow."

"Me, Sir!" said Tom.

"You;" said the old gentleman.

"Bless your reverend locks," said Tom – (he
had a few scattered horse-hairs left) – "bless
your reverend locks, she wouldn't have me."
And Tom sighed involuntarily, as he thought
of the bar.

"Wouldn't she?" said the old gentleman, firmly.

"No, no," said Tom; "there's somebody else in
the wind. A tall man – a confoundedly tall man –
with black whiskers."

"Tom," said the old gentleman; "she will never
have him."

"Won't she?" said Tom. "If you stood in the
bar, old gentleman, you'd tell another story."

"Pooh, pooh," said the old gentleman. "I know
all about that."

Schoß gesessen. Was hältst du davon, alter Köter, wie?»
Der alte Herr wollte eben fortfahren, noch einige Hel-
dentaten seiner Jugend aufzuzählen, da hatte er plötzlich
einen so heftigen Anfall von Knarren, dass er nicht wei-
tersprechen konnte.

«Geschieht dir ganz recht, alter Knabe», dachte Tom
Smart, sagte aber nichts.

«Ach», sagte der alte Kerl, «ich werde davon jetzt viel
geplagt. Ich werde alt, Tom, und habe fast alle meine Stäbe
eingebüßt. Ich habe auch eine Operation über mich ergehen
lassen – ein kleines Stück wurde mir in den Rücken ein-
gesetzt – es war eine harte Prüfung, Tom.»

«Das glaube ich gern, Sir», sagte Tom Smart.

«Jedoch», sagte der alte Herr, «darum geht es nicht,
Tom, ich möchte, dass du die Witwe heiratest.»

«Ich, Sir», sagte Tom.

«Du!» sagte der alte Herr.

«Gott schütze Eure ehrwürdigen Locken!» sagte Tom
(es waren ihm noch ein paar wenige Rosshaare übriggeblie-
ben), «Gott schütze Eure ehrwürdigen Locken! Sie würde
mich nicht nehmen.» Und Tom seufzte unwillkürlich, als
er an die Wirtsstube dachte.

«Wirklich nicht?» sagte der alte Herr mit Nachdruck.

«Nein, nein», sagte Tom, «da ist jemand anderes um
den Weg. Ein großer Mann – ein verdammt großer Mann –
mit einem schwarzen Schnurrbart.»

«Tom», sagte der alte Herr, «sie wird ihn niemals nehmen.»

«Wirklich nicht?» sagte Tom. «Würdet Ihr in der Wirtsstube stehen, alter Herr, so würdet Ihr anders reden.»

«Pah, pah», sagte der alte Herr. «Ich weiß alles darüber.»

"About what?" said Tom.

"The kissing behind the door, and all that sort of thing, Tom," said the old gentleman, and here he gave another impudent look, which made Tom very wroth, because as you know, gentlemen, to hear an old fellow, who ought to know better, talking about these things, is very unpleasant – nothing more so.

"I know all about that, Tom," said the old gentleman. "I have seen it done very often in my time, Tom, between more people than I should like to mention to you; but it never came to anything after all."

"You must have seen some queer things," said Tom, with an inquisitive look.

"You may say that, Tom," replied the old fellow, with a very complicated wink. "I am the last of my family, Tom," said the old gentleman, with a melancholy sigh.

"Was it a large one?" inquired Tom Smart.

"There were twelve of us, Tom," said the old gentleman; "fine straight-backed, handsome fellows as you'd wish to see. None of your modern abortions – all with arms, and with a degree of polish, though I say it that should not, which it would have done your heart good to behold."

"And what's become of the others, Sir?" asked Tom Smart.

The old gentleman applied his elbow to his eye as he replied, "Gone, Tom, gone. We had hard service, Tom, and they hadn't all my constitution. They got rheumatic about the legs and arms, and went into kitchens and other hospitals; and

«Worüber?» sagte Tom.

«Das Küssen hinter der Tür und all diese Sachen, Tom», sagte der alte Herr und dabei warf er wieder einen unverschämten Blick auf Tom, der diesen sehr zornig machte, denn, wie Sie alle wissen, meine Herrn, einen alten Kerl, der es besser wissen sollte, über diese Dinge reden zu hören ist sehr unerfreulich, nichts ist unerfreulicher als das.

«Ich weiß alles darüber, Tom», sagte der alte Herr. «Ich habe es zu meiner Zeit sehr oft gesehen, unter mehr Leuten als ich dir verraten möchte, aber es ist am Ende doch nie etwas daraus geworden.»

«Ihr müsst allerlei merkwürdige Dinge gesehen haben», sagte Tom mit einem neugierigen Blick.

«Das darfst du glauben, Tom», erwiderte der alte Kerl mit einem sehr hintergründigen Zwinkern. «Ich bin der Letzte meiner Familie, Tom», sagte der alte Herr mit einem schwermütigen Seufzer.

«War es eine große Familie?» fragte Tom Smart.

«Wir waren unser zwölf, Tom», sagte der alte Herr, «schöne, kerzengerade, hübsche Burschen, wie du dir sie nur denken kannst. Keine dieser neumodischen Missgeburten; alle mit Armstützen und mit einem Grad von Politur, den anzusehen deinem Herzen wohlgetan hätte, auch wenn ich das sage, der es nicht sagen sollte.»

«Und was ist aus den anderen geworden, Sir?» fragte Tom Smart.

Der alte Herr führte seinen Ellbogen an die Augen, als er antwortete. «Dahin, Tom, dahin. Wir hatten harten Dienst, Tom, und sie hatten nicht alle meine Konstitution. Sie bekamen Rheumatismus in Armen und Beinen, sie kamen in Küchen und andere Pflegeanstalten, und ei-

one of 'em, with long service and hard usage, positively lost his senses: – he got so crazy that he was obliged to be burnt. Shocking thing that, Tom."

"Dreadful!" said Tom Smart.

The old fellow paused for a few minutes, apparently struggling with his feelings of emotion, and then said,

"However, Tom, I am wandering from the point. This tall man, Tom, is a rascally adventurer. The moment he married the widow, he would sell off all the furniture, and run away. What would be the consequence? She would be deserted and reduced to ruin, and I should catch my death of cold in some broker's shop."

"Yes, but –"

"Don't interrupt me," said the old gentleman. "Of you, Tom, I entertain a very different opinion; for I well know that if you once settled yourself in a public house, you would never leave it, as long as there was anything to drink within its walls."

"I am very much obliged to you for your good opinion, Sir," said Tom Smart.

"Therefore," resumed the old gentleman, in a dictatorial tone; "you shall have her, and he shall not."

"What is to prevent it?" said Tom Smart, eagerly.

"This disclosure," replied the old gentleman; "he is already married."

"How can I prove it?" said Tom, starting half out of bed.

ner von ihnen verlor durch langen Dienst und harte Behandlung seinen Verstand – er wurde so verrückt, dass man ihn verbrennen musste. Eine schreckliche Sache das, Tom.»

«Furchtbar!» sagte Tom Smart.

Der alte Kerl hielt für einige Minuten inne; er kämpfte sichtlich mit seinen aufgewühlten Gefühlen, dann sagte er:

«Aber ich schweife ab, Tom. Dieser große Mann, Tom, ist ein schuftiger Abenteurer. Sobald er die Witwe geheiratet hätte, würde er die ganze Einrichtung verkaufen und davonlaufen. Was wäre die Folge? Sie wäre verlassen und ruiniert – und ich würde mir in einem Trödlerladen eine tödliche Erkältung holen.»

«Ja, aber …»

«Unterbrich mich nicht», sagte der alte Herr. «Von dir, Tom, habe ich eine ganz andere Meinung; denn ich weiß gut, dass du, wenn du dich einmal in einem Gasthaus festgesetzt hättest, es niemals mehr verlassen würdest, solange es innerhalb seiner Wände noch irgend etwas zu trinken gibt.»

«Ich bin Euch sehr verbunden für Eure hohe Meinung, Sir», sagte Tom Smart.

«Daher», sagte der alte Herr zusammenfassend in diktatorischem Ton, «sollst du sie haben und er soll sie nicht haben.»

«Wie kann das verhindert werden?» sagte Tom Smart voll Eifer.

«Durch die folgende Enthüllung», erwiderte der alte Herr. «Er ist bereits verheiratet.»

«Wie kann ich das beweisen?» sagte Tom und sprang fast aus dem Bett.

The old gentleman untucked his arm from his side, and having pointed to one of the oaken presses, immediately replaced it, in its old position.

"He little thinks," said the old gentleman, "that in the right hand pocket of a pair of trousers in that press, he has left a letter, entreating him to return to his disconsolate wife, with six – mark me, Tom – six babes, and all of them small ones."

As the old gentleman solemnly uttered these words, his features grew less and less distinct, and his figure more shadowy. A film came over Tom

Der alte Herr löste einen Arm von seiner Seite, reckte ihn nach einem der Eichenschränke hin und brachte ihn anschließend sogleich wieder in die alte Stellung zurück.

«Er ahnt nicht», sagte der alte Herr, «dass er in der rechten Tasche einer seiner Hosen in diesem Kasten einen Brief stecken gelassen hat, der ihn anfleht, heimzukehren zu seiner untröstlichen Frau mit ihren sechs – hör, Tom – sechs Kindern, und alle noch unmündig.»

Als der alte Herr feierlich diese Worte gesprochen hatte, wurden seine Züge immer weniger deutlich und seine Gestalt mehr und mehr schattenhaft. Ein Schleier

Smart's eyes. The old man seemed gradually blending into the chair, the damask waistcoat to resolve into a cushion, the red slippers to shrink into little red cloth bags. The light faded gently away, and Tom Smart fell back on his pillow, and dropped asleep.

Morning roused Tom from the lethargic slumber, into which he had fallen on the disappearance of the old man. He sat up in bed, and for some minutes vainly endeavoured to recal the events of the preceding night. Suddenly they rushed upon him. He looked at the chair; it was a fantastic and grim-looking piece of furniture, certainly, but it must have been a remarkably ingenious and lively imagination, that could have discovered any resemblance between it and an old man.

"How are you, old boy?" said Tom. He was bolder in the daylight – most men are.

The chair remained motionless, and spoke not a word.

"Miserable morning," said Tom. No. The chair would not be drawn into conversation.

"Which press did you point to? – you can tell me that," said Tom. Devil a word, gentlemen, the chair would say.

"It's not much trouble to open it, any how," said Tom, getting out of bed very deliberately. He walked up to one of the presses. The key was in the lock; he turned it, and opened the door. There *was* a pair of trousers there. He put his hand into the pocket, and drew forth the identical letter the old gentleman had described!

legte sich über Tom Smarts Augen; der alte Herr schien sich allmählich in den Stuhl zu verwandeln, die Damastweste löste sich in ein Polster auf, und die roten Pantoffeln schrumpften zu kleinen roten Stoffsocken zusammen. Das Licht verdämmerte sanft, Tom Smart fiel zurück auf seine Kissen und schlief ein.

Der Morgen weckte Tom aus dem dumpfen Schlummer, in den er nach dem Verschwinden des alten Mannes gefallen war. Tom setzte sich im Bett auf und versuchte für einige Minuten vergeblich, sich die Ereignisse der vergangenen Nacht zurückzurufen. Plötzlich überfielen sie ihn. Er sah den Stuhl an; es war ein phantastisches und grimmig dreinsehendes Möbelstück, gewiss, aber es bedurfte einer bemerkenswert einfallsreichen und lebendigen Einbildungskraft, um irgendeine Ähnlichkeit zwischen ihm und einem alte Manne zu entdecken.

«Wie geht es dir, alter Knabe?» sagte Tom. Bei Tageslicht war er mutiger – wie die meisten Männer.

Der Stuhl blieb unbeweglich und sprach nicht ein Wort.

«Scheußliches Wetter, heute Morgen», sagte Tom. Nein, der Stuhl ließ sich auf keine Unterhaltung ein.

«Auf welchen Kasten hast du gezeigt? Das kannst du mir doch sagen», sagte Tom. Nicht ein Sterbenswörtchen gab der Stuhl von sich, meine Herren.

«Es ist ja nicht viel Mühe, einen zu öffnen», sagte Tom und stieg sehr bedächtig aus dem Bett. Er ging zu einem der Kästen hin. Der Schlüssel steckte im Schloss. Tom drehte ihn um und öffnete die Tür. Da war wirklich ein Paar Hosen. Tom fuhr mit der Hand in die Tasche und zog genau den Brief hervor, den der alte Herr beschrieben hatte!

"Queer sort of thing, this," said Tom Smart; looking first at the chair and then at the press, and then at the letter, and then at the chair again. "Very queer," said Tom. But as there was nothing in either to lessen the queerness, he thought he might as well dress himself, and settle the tall man's business at once – just to put him out of his misery.

Tom surveyed the rooms he passed through, on his way down stairs, with the scrutinising eye of a landlord; thinking it not impossible, that before long, they and their contents would be his property. The tall man was standing in the snug little bar, with his hands behind him, quite at home. He grinned vacantly at Tom. A causal observer might have supposed he did it, only to show his white teeth; but Tom Smart thought that a consciousness of triumph was passing through the place where the tall man's mind would have been, if he had had any. Tom laughed in his face; and summoned the landlady.

"Good morning, Ma'am," said Tom Smart, closing the door of the little parlour as the widow entered.

"Good morning, Sir," said the widow. "What will you take for breakfast, Sir?"

Tom was thinking how he should open the case, so he made no answer.

"There's a very nice ham," said the widow, "and a beautiful cold larded fowl. Shall I send 'em in, Sir?"

These words roused Tom from his reflections. His

«Merkwürdige Geschichte das», sagte Tom Smart und sah erst den Stuhl an, dann den Kasten, dann den Brief und dann wieder den Stuhl. «Sehr merkwürdig», sagte Tom. Aber da keiner dieser Gegenstände das Merkwürdige an der Sache verminderte, so dachte er, er könne sich ebensogut anziehen und die Sache mit dem großen Mann sofort in Ordnung bringen nur um ihn aus seiner unglücklichen Lage zu befreien.

Tom betrachtete die Räume, durch die er auf seinem Wege nach unten kam, mit dem fachmännischen Auge eines Gastwirts, und hielt es nicht für unmöglich, dass sie und ihr Inhalt bald sein Eigentum sein würden. Der große Mann stand in der behaglichen kleinen Wirtsstube, mit den Händen auf dem Rücken, ganz wie zu Hause. Er grinste Tom nichtssagend an. Ein zufälliger Beobachter hätte annehmen können, er habe es nur getan, um seine weißen Zähne zu zeigen; aber Tom Smart meinte, dass ein Gefühl des Triumphs an der Stelle saß, wo der Verstand des großen Mannes gewesen wäre, wenn er einen gehabt hätte. Tom lachte ihm ins Gesicht und verlangte nach der Wirtin.

«Guten Morgen, Madam», sagte Tom Smart als die Witwe eingetreten war, und dabei schloss er die Tür der kleinen Stube.

«Guten Morgen, Sir», sagte die Witwe. «Was wollt Ihr zum Frühstück haben?»

Tom überlegte, wie er die Sache einleiten könne und gab keine Antwort.

«Da wäre ein sehr schöner Schinken», sagte die Witwe, «und ein wundervolles kaltes gespicktes Huhn. Soll ich sie hereinschicken?»

Diese Worte rissen Tom aus seinem Nachdenken. Seine

admiration of the widow increased as she spoke. Thoughtful creature! Comfortable provider!

"Who is that gentleman in the bar, Ma'am?" inquired Tom

"His name is Jinkins, Sir," said the widow, slightly blushing.

"He's a tall man," said Tom.

"He is a very fine man, Sir," replied the widow, "and a very nice gentleman."

"Ah!" said Tom.

"Is there anything more you want, Sir?" inquired the widow, rather puzzled by Tom's manner.

"Why, yes," said Tom. "My dear Ma'am, will you have the kindness to sit down for one moment?"

"The widow looked much amazed, but she sat down, and Tom sat down too, close beside her. I don't know how it happened, gentlemen – indeed my uncle used to tell me that Tom Smart said *he* didn't know how it happened either – but somehow or other the palm of Tom's hand fell upon the back of the widow's hand, and remained there while he spoke.

"My dear Ma'am," said Tom Smart – he had always a great notion of committing the amiable – "My dear Ma'am, you deserve a very excellent husband; – you do indeed."

"Lor, Sir!" said the widow – as well she might; Tom's mode of commencing the conversation being rather unusual, not to say startling, the fact of his never having set eyes upon her before the previous night, being taken into consideration. "Lor, Sir!"

Bewunderung für die Witwe wuchs, während sie sprach. Aufmerksames Geschöpf! Rührende Versorgerin!

«Wer ist der Herr in der Wirtsstube, Madam?» erkundigte sich Tom.

«Sein Name ist Jinkins, Sir», sagte die Witwe leicht errötend.

«Er ist ein großer Mann», sagte Tom

«Er ist ein vortrefflicher Mann, Sir», antwortete die Witwe, «und ein sehr angenehmer Herr.»

«Ah!» sagte Tom.

«Habt Ihr sonst noch irgendeinen Wunsch, Sir?» fragte die Witwe, einigermaßen verwirrt durch Toms Benehmen.

«Ja, doch», sagte Tom. «Meine Verehrteste, wollt Ihr die Freundlichkeit haben, Euch einen Augenblick zu setzen?»

Die Witwe sah sehr erstaunt aus, aber sie setzte sich, und auch Tom setzte sich, ganz dicht neben sie. Ich weiß nun nicht genau, wie es geschah, meine Herren – und in der Tat, mein Onkel erzählte mir immer, dass Tom Smart sagte, er wisse es auch nicht – aber irgendwie kam Toms Handfläche auf den Handrücken der Witwe zu liegen und blieb da, während er sprach.

«Meine Verehrteste», sagte Tom Smart – er hielt immer viel darauf, als der Liebenswürdige zu erscheinen –, «meine Verehrteste, Ihr verdient einen ganz ausgezeichneten Ehemann – wirklich.»

«O Gott, Sir!» sagte die Witwe – und sie hatte wohl guten Grund dazu, denn Toms Art, die Unterhaltung zu beginnen, war recht ungewöhnlich, um nicht zu sagen erschreckend, wenn man bedenkt, dass er sie vor dem gestrigen Abend nie gesehen hatte. – «Oh Gott, Sir!»

"I scorn to flatter, my dear Ma'am," said Tom Smart. "You deserve a very admirable husband, and whoever he is, he'll be a very lucky man." As Tom said this, his eye involuntarily wandered from the widow's face to the comforts around him.

The widow looked more puzzled than ever, and made an effort to rise. Tom gently pressed her hand, as if to detain her, and she kept her seat. Widows, gentlemen, are not usually timorous, as my uncle used to say.

"I am sure I am very much obliged to you, Sir, for your good opinion," said the buxom landlady, half laughing; "and if ever I marry again" –

"*If*," said Tom Smart, looking very shrewdly out at the right-hand corner of his left eye. "*If*" –

"Well," said the widow, laughing outright this time. "*When* I do, I hope I shall have as good a husband as you describe."

"Jinkins to wit," said Tom.

"Lor, Sir!" exclaimed the widow.

"Oh, don't tell me," said Tom, "I know him."

"I am sure nobody who knows him, knows anything bad of him," said the widow, bridling up at the mysterious air with which Tom had spoken.

"Hem," said Tom Smart.

The widow began to think it was high time to cry, so she took out her handkerchief, and inquir-ed whether Tom wished to insult her, whether he thought it like a gentleman to take away the

«Ich verachte alle Schmeicheleien, meine Verehrteste»,
sagte Tom. «Ihr verdient einen ganz wunderbaren Ehemann, und wer immer es ist, er wird ein sehr glücklicher
Mann sein.» Während Tom das sagte, wanderten seine
Augen unwillkürlich von dem Gesicht der Witwe über all
die Annehmlichkeiten um ihn herum.

Die Witwe sah verwirrter aus als je zuvor und machte
einen Versuch, sich zu erheben. Tom drückte sanft ihre
Hand, wie um sie zurückzuhalten, und sie blieb sitzen.
Witwen, meine Herren, sind gewöhnlich nicht furchtsam –
pflegte mein Onkel zu sagen.

«Ich bin Euch ganz gewiss sehr verbunden für Eure gute
Meinung, Sir», sagte die muntere Wirtin, halb lachend,
«und falls ich mich jemals wieder verheiraten sollte ...»

«*Falls*», sagte Tom Smart und warf ihr aus dem rechten
Winkel seines linken Auges einen höchst verschlagenen
Blick zu. «*Falls* ...»

«Nun», sagte die Witwe und lachte diesmal voll heraus,
«*wenn* ich es tue, so hoffe ich, einen so guten Ehemann
zu haben, wie Ihr ihn beschreibt.»

«Nämlich Jinkins», sagte Tom.

«O Gott, Sir!» rief die Witwe aus.

«Ach, erzählt mir nichts», sagte Tom, «ich kenne ihn.»

«Ich bin sicher, niemand, der ihn kennt, weiß irgend
etwas Schlechtes von ihm», sagte die Witwe, aufgebracht
durch den geheimnisvollen Ton, in dem Tom gesprochen
hatte.

«Hm!» sagte Tom.

Die Witwe dachte, es sei nun höchste Zeit zu weinen;
sie zog also ihr Taschentuch heraus und fragte, ob Tom sie
beleidigen wolle, ob er meine, er handle wie ein Gentleman,
wenn er einen anderen Gentleman hinter seinem Rücken

character of another gentleman behind his back, why, if he had got anything to say, he didn't say it to the man, like a man, instead of terrifying a poor weak woman in that way; and so forth.

"I'll say it to him fast enough," said Tom, "only I want you to hear it first."

"What is it?" inquired the widow, looking intently in Tom's countenance.

"I'll astonish you," said Tom, putting his hand in his pocket.

"If it is, that he wants money," said the widow, "I know that already, and you needn't trouble yourself."

"Pooh, nonsense, that's nothing," said Tom Smart; "*I* want money. 'Tan't that."

"Oh dear, what can it be?" exclaimed the poor widow.

"Don't be frightened," said Tom Smart. He slowly drew forth the letter, and unfolded it. "You won't scream?" said Tom, doubtfully.

"No, no," replied the widow; "let me see it."

"You won't go fainting away, or any of that nonsense?" said Tom.

"No, no," returned the widow, hastily.

"And don't run out, and blow him up," said Tom, "because I'll do all that for you; you had better not exert yourself."

"Well, well," said the widow, "let me see it."

"I will," replied Tom Smart; and, with these words, he placed the letter in the widow's hand.

Gentlemen, I have heard my uncle say, that Tom Smart said, the widow's lamentations when

schlecht mache; warum er, wenn er etwas zu sagen hätte, es nicht, wie ein Mann, dem Mann selber sage, anstatt ein armes schwaches Weib so zu erschrecken, und dergleichen.

«Ich werde es ihm bald genug sagen», sagte Tom, «nur will ich, dass Ihr es zuerst hört.»

«Was ist es?» fragte die Witwe und sah gespannt auf Toms Miene.

«Ich werde Euch in Erstaunen setzen», sagte Tom und fuhr mit der Hand in seine Tasche.

«Wenn es ist, dass er Geld braucht», sagte die Witwe, «das weiß ich selber, und Ihr braucht Euch deshalb nicht zu bekümmern.»

«Ach, Unsinn, das ist nichts», sagte Tom. «Ich brauche auch Geld. Das ist es nicht.»

«Du liebe Zeit, was kann es sein?» rief die arme Witwe aus.

«Erschreckt nicht», sagte Tom Smart. Er zog langsam den Brief hervor und faltete ihn auseinander. «Ihr werdet nicht schreien?» sagte er, zweifelnd.

«Nein, nein», sagte die Witwe, «lasst mich sehen.»

«Ihr werdet nicht in Ohnmacht fallen oder dergleichen Unsinn?» sagte Tom.

«Nein, nein», erwiderte die Witwe hastig.

«Und nicht hinauslaufen und ihn in die Luft sprengen», sagte Tom, «denn alles das will ich selbst für Euch besorgen. Ihr regt Euch also besser nicht auf.»

«Schon recht», sagte die Witwe, «lasst mich sehen.»

«Das will ich tun», antwortete Tom, und mit diesen Worten legte er den Brief in die Hände der Witwe.

Meine Herren, ich habe meinen Onkel erzählen hören, dass Tom Smart sagte, die Wehklagen der Witwe, als sie

she heard the disclosure would have pierced a heart of stone. Tom was certainly very tender-hearted, but they pierced his, to the very core. The widow rocked herself to and fro, and wrung her hands.

"Oh, the deception and villainy of the man!" said the widow.

"Frightful, my dear Ma'am; but compose yourself," said Tom Smart.

"Oh, I can't compose myself," shrieked the widow. "I shall never find any one else I can love so much!"

"Oh yes you will, my dear soul," said Tom Smart, letting fall a shower of the largest-sized tears, in pity for the widow's misfortunes. Tom Smart, in the energy of his compassion, had put his arm round the widow's waist; and the widow, in a passion of grief, had clasped Tom's hand. She looked up on Tom's face, and smiled through her tears. Tom looked down in her's, and smiled through his.

I never could find out, gentlemen, whether Tom did or did not kiss the widow at that particular moment. He used to tell my uncle he didn't, but I have my doubts about it. Between ourselves, gentlemen, I rather think he did.

At all events, Tom kicked the very tall man out at the front door half an hour after, and married the widow a month after. And he used to drive about the country, with the clay-coloured gig with the red wheels, and the vixenish mare with the fast pace, till he gave up business many years

die Enthüllung hörte, hätten ein Herz aus Stein durchbohrt. Tom war gewiss sehr weichherzig, doch sie trafen
das seine bis ins Innerste. Die Witwe wiegte sich hin und
her und rang die Hände.

«Oh, über die Falschheit und Schlechtigkeit des Menschen!» sagte die Witwe.

«Schrecklich, meine liebe Frau; aber fasst Euch», sagte
Tom Smart.

«Oh, ich kann mich nicht fassen», kreischte die Witwe.
«Ich werde nie mehr einen anderen finden, den ich so
lieben kann.»

«Oh, doch, Ihr werdet, meine gute Seele», sagte Tom
Smart und ließ einen Strom der allergrößten Tränen rin-
nen, aus Mitleid mit dem Missgeschick der Witwe. Tom
Smart hatte in der Heftigkeit seines Mitgefühls seinen
Arm um die Witwe geschlungen; und die Witwe hatte
in der Leidenschaft ihres Kummers Toms Hand gefasst.
Sie sah auf in Toms Gesicht und lächelte durch ihre Tränen. Tom sah nieder in das ihre und lächelte durch die
seinen.

Ich konnte nie herausbringen, meine Herren, ob Tom
die Witwe genau in diesem Augenblick küsste oder nicht.
Er erzählte meinem Onkel immer, er habe es nicht getan, aber ich habe so meine Zweifel daran. Unter uns
gesagt, meine Herrn, ich bin ziemlich sicher, dass er es
getan hat.

Jedenfalls warf Tom den sehr großen Mann eine halbe
Stunde später durch die Haustür hinaus, und einen Mo-
nat später heiratete er die Witwe. Und er pflegte durch
das Land zu fahren in dem lehmfarbenen Wagen mit den
roten Rädern und der borstigen schnellfüßigen Mähre, bis
er viele Jahre später das Geschäft aufgab und mit seiner

afterwards, and went to France with his wife; and then the old house was pulled down.

(...)

The chair was observed to creak very much on the day of the wedding; but Tom Smart couldn't say for certain, whether it was with pleasure or bodily infirmity. He rather thought it was the latter, though, for it never spoke afterwards.

Frau nach Frankreich zog; da wurde das alte Haus abgerissen.

(...)

Der Stuhl, so wurde beobachtet, knarrte am Tag der Hochzeit sehr heftig; Tom Smart wusste nicht sicher, ob aus Freude oder aus körperlichen Gebrechlichkeit. Er neigte aber zu der Annahme, dass es das letztere war, denn der Stuhl hat nachher nie wieder gesprochen.

The Story
of the Bagman's Uncle

My uncle, gentlemen, said the bagman, was one
of the merriest, pleasantest, cleverest fellows that
ever lived. I wish you had known him, gentlemen.
On second thoughts, gentlemen, I *don't* wish you
had known him, for if you had, you would have
been all by this time in the ordinary course of
nature, if not dead, at all events so near it, as to
have taken to stopping at home and giving up
company, which would have deprived me of the
inestimable pleasure of addressing you at this
moment. Gentlemen, I wish your fathers and
mothers had known my uncle. They would have
been amazingly fond of him, especially your re-
spectable mothers, I know they would. If any two
of his numerous virtues predominated over the
many that adorned his character, I should say
they were his mixed punch and his after-supper
song. Excuse my dwelling upon these melancholy
recollections of departed worth; you won't see a
man like my uncle every day in the week.

Die Geschichte
vom Onkel des Handlungsreisenden

Mein Onkel, meine Herren, war einer der fröhlichsten, nettesten und gescheitesten Burschen, die jemals lebten. Ich wünschte, Sie hätten ihn gekannt, meine Herren. Wenn ich es freilich nochmals überdenke, so wünsche ich doch nicht, dass Sie ihn gekannt hätten, denn hätten Sie ihn gekannt, so wären Sie heute alle, nach dem natürlichen Verlauf der Dinge, wenn nicht tot, so doch so nahe daran, dass Sie sich angewöhnt hätten, zu Hause zu bleiben und Gesellschaft zu meiden, was mich des unschätzbaren Vergnügens beraubt hätte, Ihnen in diesem Augenblick etwas zu erzählen. Meine Herren, ich wünschte, Ihre Väter und Mütter hätten meinen Onkel gekannt. Sie würden eine wunderbare Zuneigung zu ihm gefasst haben, vor allem Ihre ehrbaren Mütter, dessen bin ich mir ganz sicher. Wenn irgend zwei gute Eigenschaften die vielen anderen, die seinen Charakter schmückten, noch übertrafen, so würde ich sagen, es waren sein gemischter Punsch und seine Lieder nach dem Abendessen. Verzeihen Sie mir diese schwermütigen Erinnerungen an dahingeschiedene Größe: einen Mann wie meinen Onkel bekommt man nicht alle Tage zu sehen.

I have always considered it a great point in my uncle's character, gentlemen, that he was the intimate friend and companion of Tom Smart, of the great house of Bilson and Slum, Cateaton Street, City. My uncle collected for Tiggin and Welps, but for a long time he went pretty near the same journey as Tom; and the very first night they met, my uncle took a fancy for Tom, and Tom took a fancy for my uncle. They made a bet of a new hat before they had known each other half an hour, who should brew the best quart of punch and drink it the quickest. My uncle was judged to have won the making, but Tom Smart beat him in the drinking by about half a salt-spoon-full. They took another quart a-piece to drink each other's health in, and were staunch friends ever afterwards. There's a destiny in these things gentlemen; we can't help it.

In personal appearance, my uncle was a trifle shorter than the middle size; he was a thought stouter too, than the ordinary run of people, and perhaps his face might be a shade redder. He had the jolliest face you ever saw, gentlemen: something like Punch, with a handsomer nose and chin; his eyes were always twinkling and sparkling with good humour, and a smile – not one of your unmeaning wooden grins, but a real, merry, hearty, good-tempered smile, was perpetually on his countenance. He was pitched out of his gig once, and knocked head first against a mile-stone. There he lay, stunned, and so cut about the face with some gravel which had been heaped up alongside it, that, to use my uncle's own strong expression,

Ich hielt es immer für einen wichtigen Zug in dem Charakter meines Onkels, meine Herren, dass er der engste Freund und Gefährte von Tom Smart aus dem großen Hause Bilson & Slum, Cateaton Street, City, war. Mein Onkel reiste für Tiggin & Welps, aber lange Zeit befuhr er ziemlich dieselbe Strecke wie Tom; schon am allerersten Abend, als sie zusammentrafen, fasste mein Onkel eine Zuneigung zu Tom, und Tom fasste eine Zuneigung zu meinem Onkel. Sie wetteten, noch ehe sie einander eine halbe Stunde kannten, um einen neuen Hut, wer den besten Schoppen Punsch brauen und am schnellsten trinken könne. Mein Onkel, so wurde entschieden, gewann bei der Zubereitung, aber Tom Smart schlug ihn beim Trinken um etwa einen halben Salzlöffel. Sie nahmen jeder noch ein Viertel, um einander damit zuzutrinken, und waren danach allzeit feste Freunde. Es gibt ein Schicksal in diesen Dingen, meine Herren; wir können nichts dagegen tun.

Seiner äußeren Erscheinung nach war mein Onkel etwas weniger als mittelgroß; er war auch eine Idee untersetzter als gewöhnliche Leute, und sein Gesicht war vielleicht einen Grad röter. Er hatte das vergnügteste Gesicht, das Sie jemals gesehen haben, meine Herren, etwa wie ein Kasperle, aber Nase und Kinn hübscher; seine Augen zwinkerten und sprühten beständig vor guter Laune, und ein Schmunzeln – nicht so ein nichtssagendes, hölzernes Grinsen, sondern ein richtiges fröhliches, herzliches, gutgelauntes Schmunzeln – lag immer auf seinem Gesicht. Einmal wurde er aus seinem leichten Wagen hinausgeworfen und mit dem Kopf gegen einen Meilenstein geschleudert. Da lag er, bewegungslos, und das Gesicht von dem Kies, der neben der Straße angehäuft war, so zerkratzt, dass, um meines Onkels eigenen, kräftigen Ausdruck zu gebrauchen, seine

if his mother could have revisited the earth, she wouldn't have known him. Indeed, when I come to think of the matter, gentlemen, I feel pretty sure she wouldn't, for she died when my uncle was two years and seven months old, and I think it's very likely that even without the gravel, his top-boots would have puzzled the good lady not a little, to say nothing of his jolly red face. However, there he lay, and I have heard my uncle say many a time that the man said who picked him up that he was smiling as merrily as if he had tumbled out for a treat, and that after they had bled him, the first faint glimmerings of returning animation were, his jumping up in bed, bursting out into a loud laugh, kissing the young woman who held the basin, and demanding a mutton chop and a pickled walnut instantly. He was very fond of pickled walnuts, gentlemen. He said he always found that, taken without vinegar, they relished the beer.

My uncle's great journey was in the fall of the leaf, at which time he collected debts and took oders in the north; going from London to Edinburgh, from Edinburgh to Glasgow, from Glasgow back to Edinburgh, and thence to London by the smack. You are to understand that this second visit to Edinburgh was for his own pleasure. He used to go back for a week, just to look up his old friends; and what with breakfasting with this one, and lunching with that, and dining with a third, and supping with another, a pretty tight week he used to make of it. I don't know whether any of you,

Mutter, wenn sie auf die Erde zurückgekommen wäre, ihn nicht erkannt hätte. Und wirklich, meine Herren, wenn ich mir die Sache so durch den Kopf gehen lasse, bin ich ziemlich sicher, sie hätte ihn nicht erkannt, denn sie starb, als mein Onkel zwei Jahre und sieben Monate alt war, und ich meine, es ist sehr wahrscheinlich, dass, auch ohne Kies, allein schon die hohen Stiefel die gute Frau nicht wenig verwirrt hätten, ganz zu schweigen von dem lustigen roten Gesicht. Jedenfalls, da lag er, und ich hörte meinen Onkel gar oft erzählen, dass der Mann, der ihn auflas, sagte, der Verunglückte habe so vergnügt geschmunzelt, als wenn er eben für einen kleinen Spaziergang ausgegangen sei, und als man ihn zur Ader gelassen habe, hätten die ersten schwachen Regungen von wiederkehrendem Leben darin bestanden, dass er im Bett aufsprang, in lautes Lachen ausbrach, die junge Frau, die das Becken hielt, küsste und auf der Stelle ein Hammelkotelett mit eingemachten Walnüssen verlangte. Er hatte eine große Vorliebe für eingemachte Walnüsse, meine Herren. Er sagte, er finde immer, dass sie, ohne Essig genommen, das Bier würziger machten.

Die große Reise meines Onkels fand meist im Herbst statt, wenn er im Norden Schulden eintrieb und Bestellungen aufnahm; er fuhr von London nach Edinburgh, von Edinburgh nach Glasgow, von Glasgow zurück nach Edinburgh und von da mit einem Küstensegler nach London. Sie müssen wissen, dass dieser zweite Besuch in Edinburgh seinem eigenen Vergnügen galt. Er ging so etwa für eine Woche nochmals hin, nur um seine alten Freunde aufzusuchen; und was für eine anstrengende Woche pflegte er daraus zu machen, indem er beim ersten frühstückte, beim nächsten zu Mittag aß, beim dritten zu Abend erschien und bei einem anderen zu Nacht. Ich weiß nicht, ob irgendeiner

gentlemen, ever partook of a real substantial hospitable Scotch breakfast, and then went out to a slight lunch of a bushel of oysters, a dozen or so of bottled ale, and a noggin or two of whiskey to close up with. If you ever did, you will agree with me that it requires a pretty strong head to go out to dinner and supper afterwards.

But, bless your hearts and eyebrows, all this sort of thing was nothing to my uncle. He was so well seasoned that it was mere child's play. I have heard him say that he could see the Dundee people out any day, and walk home afterwards without staggering, and yet the Dundee people have as strong heads and as strong punch, gentlemen, as you are likely to meet with, between the poles. I have heard of a Glasgow man and a Dundee man drinking against each other for fifteen hours at a sitting. They were both suffocated as nearly as could be ascertained at the same moment, but with this trifling exception, gentlemen, they were not a bit the worse for it.

One night, within four-and-twenty hours of the time when he had settled to take shipping for London, my uncle supped at the house of a very old friend of his, a Baillie Mac something, and four syllables after it, who lived in the old town of Edinburgh. There were the baillie's wife, and the baillie's three daughters, and the baillie's grown-up sons, and three or four stout, bushy eye-browed, canty old Scotch fellows that the baillie had got together to do honour to my uncle, and help to make merry. It was a glorious

von Ihnen, meine Herren, je an einem richtigen, kräftigen, gastlichen schottischen Frühstück teilgenommen hat und hinterher zu einem Mittagsimbiss ging, mit einem Scheffel Austern, einem Dutzend Flaschen Bier und, um es abzurunden, ein oder zwei Gläschen Whisky. Wenn Sie es je getan haben, so werden Sie zugeben, dass man einen ziemlich starken Kopf braucht, um danach zum Abendessen und zur Nachtmahlzeit auszugehen.

Aber, Gott schütze Ihnen Verstand und Augen, das alles war für meinen Onkel gar nichts! Er war so geübt, dass es ein bloßes Kinderspiel war. Ich habe ihn sagen hören, er könne jederzeit die Leute von Dundee unter den Tisch trinken und danach ohne Schwanken heimfinden, und dabei haben die Leute von Dundee die stärksten Köpfe und den stärksten Punsch, die man zwischen den Polen finden kann. Ich habe von einem Mann aus Glasgow und einem aus Dundee gehört, die fünfzehn Stunden lang auf einem Sitz um die Wette tranken. Sie erstickten beide im selben Augenblick, soweit man das feststellen konnte, aber von diesem unbedeutenden Umstande abgesehen, meine Herren, hat es beiden nicht das Geringste geschadet.

Eines Abend, in den letzten vierundzwanzig Stunden vor dem Termin seiner Einschiffung nach London, speiste mein Onkel im Haus eines sehr alten Freundes, eines Stadtrats Mac-Soundso mit noch vier Silben hintendrein, der in der Altstadt von Edinburgh lebte. Bei ihm waren die Frau des Stadtrats, die drei Töchter des Stadtrats, die erwachsenen Söhne des Stadtrats und drei oder vier stämmige, rauhe schottische Burschen mit buschigen Augenbrauen, die der Stadtrat zusammengebracht hatte, um meinem Onkel Ehre anzutun und weil sie beim Feiern helfen sollten. Es war ein prachtvolles Essen. Da gab es

supper. There was kippered salmon, and Finnan haddocks, and a lamb's head, and a haggis; a celebrated Scotch dish, gentlemen, which my uncle used to say always looked to him, when it came to table, very much like a cupid's stomach; and a great many other things besides, that I forget the names of, but very good things notwithstanding. The lassies were pretty and agreeable; the baillie's wife one of the best creatures that ever lived; and my uncle in thoroughly good cue: the consequence of which was, that the young ladies tittered and giggled, and the old lady laughed out loud, and the baillie and the other old fellows roared till they were red in the face, the whole mortal time. I don't quite recollect how many tumblers of whiskey toddy each man drank after supper, but this I know, that about one o'clock in the morning, the baillie's grown-up son became insensible while attempting the first verse of "Willie brew a peck o' maut;" and he having been, for half an hour before, the only other man visible above the mahogany, it occurred to my uncle that it was almost time to think about going, especially as drinking had set in at seven o'clock in order that he might get home at a decent hour. But thinking it might not be quite polite to go just then, my uncle voted himself into the chair, mixed another glass, rose to propose his own health, addressed himself in a neat and complimentary speech, and drank the toast with great enthusiasm. Still nobody woke; so my uncle took a little drop more – neat this

geräucherten Lachs und Schellfisch, einen Hammelkopf und einen Fleischpudding – ein berühmtes schottisches Gericht, meine Herren, von dem mein Onkel zu sagen pflegte, es sähe, wenn es auf den Tisch käme, aus wie der Bauch eines Cupido – und noch viele andere Sachen, von denen ich die Namen vergessen habe, die aber nichtsdestoweniger sehr gut waren. Die Mädels waren hübsch und zutraulich, die Frau des Stadtrats war eines der besten Geschöpfe, die je gelebt haben, und mein Onkel in durch und durch prächtiger Stimmung. Die Folge davon war, dass die jungen Damen kicherten und schäkerten, die ältere Dame laut lachte und der Stadtrat und die anderen Burschen brüllten, bis sie für den ganzen Rest des Abends rote Köpfe hatten. Ich kann mich nicht genau erinnern, wie viele Becher Whisky-Grog jeder nach dem Essen trank, aber das weiß ich, dass etwa um ein Uhr morgens des Stadtrats erwachsener Sohn bewusstlos umfiel, als er versuchte, den ersten Vers von «Willi braut' ein Fässchen Rum» anzustimmen, und da er während der letzten halben Stunde der einzige gewesen war, den man noch oberhalb der Mahagonitischplatte sehen konnte, so fiel es meinem Onkel ein, dass es wohl fast Zeit wäre, ans Gehen zu denken, besonders da das Gelage schon um sieben Uhr begonnen hatte, damit er zu einer anständigen Stunde nach Hause käme. Da er aber dachte, es sei wohl nicht so ganz höflich, jetzt gleich zu gehen, wählte mein Onkel sich selbst zum Vorsitzenden der Tafelrunde, machte sich noch ein Glas zurecht, um auf seine eigene Gesundheit zu trinken, hielt eine hübsche, schmeichelhafte Ansprache an sich selbst und trank sich mit großer Begeisterung zu. Immer noch wachte keiner auf; so nahm mein Onkel noch einen kleinen Tropfen – unvermischt diesmal,

time, to prevent the toddy disagreeing with him, and laying violent hands on his hat sallied forth into the street.

It was a wild gusty night when my uncle closed the baillie's door; and settling his hat firmly on his head to prevent the wind from taking it, thrust his hands into his pockets, and looking upwards, took a short survey of the state of the weather. The clouds were drifting over the moon at their giddiest speed, at one time wholly obscuring her, at another, suffering her to burst forth in full splendour and shed her light on all the objects around; anon, driving over her again with increased velocity, and shrouding everything in darkness. "Really, this won't do," said my uncle, addressing himself to the weather, as if he felt himself personally offended. "This is not at all the kind of thing for my voyage. It will not do at any price," said my uncle, very impressively. And having repeated this, several times, he recovered his balance with some difficulty – for he was rather giddy with looking up into the sky so long – and walked merrily on.

The baillie's house was in the Canongate, and my uncle was going to the other end of Leith Walk, rather better than a mile's journey. On either side of him, there shot up against the dark sky, tall, gaunt, straggling houses, with time-stained fronts, and windows that seemed to have shared the lot of eyes in mortals, and to have grown dim and sunken with age. Six, seven, eight stories high were the houses; story piled above story, as children build with cards – throwing their dark shadows

damit ihm der Grog nicht schlecht bekomme – und nachdem er mit Heftigkeit seinen Hut gepackt hatte, stürmte er hinaus auf die Straße.

Es war eine wilde, brausende Nacht, als mein Onkel die Tür beim Stadtrat hinter sich schloss, den Hut fest auf den Kopf setzte, damit der Wind ihn nicht ergriffe, seine Hände in die Taschen stieß und nach oben sah, um einen kurzen Überblick über die Wetterlage zu erhalten. Die Wolken trieben in der ausgelassensten Eile über den Mond hin – bald verfinsterten sie ihn ganz, bald ließen sie ihn in vollem Glanze durchbrechen und sein Licht auf die ganze Umgebung werfen; bald trieben sie wieder über ihn hin, mit vermehrter Schnelligkeit, und hüllten alles in Dunkel. «Wirklich, so geht das nicht», sagte mein Onkel, indem er das Wetter ansprach, als ob er sich selbst persönlich beleidigt fühle. «Das ist ganz und gar nicht das Richtige für meine Seereise. Das geht nicht, um keinen Preis», sagte mein Onkel mit allem Nachdruck. Nachdem er das mehrmals wiederholt hatte, fand er mit einiger Mühe sein Gleichgewicht wieder – denn das lange Hinaufblicken in den Himmel hatte ihn recht schwindelig gemacht – und ging fröhlich weiter.

Das Haus des Stadtrats lag in Canongate, und mein Onkel musste zum äußersten Ende von Leith Walk gehen, was ein gutes Stück mehr als eine Meile war. Zu beiden Seiten von ihm ragten hohe, alte, unregelmäßige Häuser gegen den dunklen Himmel empor, mit altersgrauen Fassaden und Fenstern, die das Los menschlicher Augen, im Alter sich zu trüben und einzufallen, geteilt zu haben schienen. Sechs, sieben, acht Stockwerte hoch waren die Häuser – Stockwerk auf Stockwerk getürmt, wie wenn Kinder Kartenhäuser bauen; sie warfen ihre dunklen Schatten

over the roughly paved road, and making the night darker. A few oil lamps were scattered, at long distances, but they only served to mark the dirty entrance to some narrow close, or to show where a common stair communicated, by steep and intricate windings with the various flats above. Glancing at all these things with the air of a man who had seen them too often before, to think them worthy of much notice now, my uncle walked up the middle of the street with a thumb in each waistcoat pocket, indulging from time to time in various snatches of song, chaunted forth with such good will and spirit, that the quiet honest folk started from their first sleep and lay trembling in bed till the sound died away in the distance; when, satisfying themselves that it was only some drunken ne'er-do-weel finding his way home, they covered themselves up warm and fell asleep again.

I am particular in describing how my uncle walked up the middle of the street with his thumbs in his waistcoat pockets, gentlemen, because, as he often used to say (and with great reason too) there is nothing at all extraordinary in this story, unless you distinctly understand at the beginning, that he was not by any means of a marvellous or romantic turn.

Gentlemen, my uncle walked on with his thumbs in his waistcoat pockets, taking the middle of the street to himself, and singing now a verse of a love song, and then a verse of a drinking one; and when he was tired of both, whistling melodiously, until he reached the North Bridge, which at this point connects the old and new towns of Edinburgh.

über die grob gepflasterte Straße und machten so die finstere Nacht noch finsterer. Einige wenige Öllampen waren in weiten Abständen verstreut, aber sie dienten nur dazu, den schmutzigen Eingang zu einem Hof zu bezeichnen oder zu zeigen, wo eine gemeinsame Treppe mit steilen und verwickelten Windungen zu den verschiedenen Wohnungen nach oben führte. Auf all das blickte mein Onkel mit der Miene eines Mannes, der es schon zu oft gesehen hat, um es noch großer Aufmerksamkeit wert zu halten; er ging in der Mitte der Straße, mit einem Daumen in jeder Westentasche, und ließ sich von Zeit zu Zeit zu allerlei Liedfetzen hinreißen, die er mit so viel Gemüt und Inbrunst vortrug, dass die stillen ehrbaren Leute aus ihrem ersten Schlaf aufschreckten und zitternd in ihren Betten lagen, bis der Laut in der Ferne verklungen war; dann beruhigten sie sich damit, dass es nur ein betrunkener Tunichtgut war, der seinen Weg nach Hause suchte, deckten sich warm zu und schliefen wieder ein.

Ich lege Wert darauf, meine Herren, genau zu beschreiben, wie mein Onkel in der Mitte der Straße dahinging, mit den Daumen in den Westentaschen; denn, wie er oft (und mit gutem Grund) zu sagen pflegte: an dieser Geschichte ist gar nichts Außergewöhnliches, wenn Sie nicht von Anfang an ganz klar im Auge behalten, dass er keineswegs ein verträumtes oder romantisches Gemüt besaß.

Meine Herren, mein Onkel ging also dahin, mit den Daumen in den Westentaschen, und nahm dabei die Mitte der Straße für sich in Anspruch, während er bald den Vers eines Liebesliedes, bald den Vers eines Trinkliedes sang und, als er von beidem genug hatte, in den schönsten Tönen pfiff, bis er an die nördliche Brücke kam, die an dieser Stelle die Altstadt und die Neustadt von Edinburgh ver-

Here he stopped for a minute to look at the strange
irregular clusters of lights piled one above the
other, and twinkling afar off so high in the air that
they looked like stars gleaming from the castle wall
on the one side and the Calton Hill on the other,
as if they illuminated veritable castles in the air,
while the old picturesque town slept heavily on in
gloom and darkness below; its palace and chapel of
Holyrood, guarded day and night, as a friend of my
uncle's used to say, by old Arthur's Seat, towering,
surly and dark like some gruff genius, over the an-

bindet. Hier hielt er für einen Augenblick an, um die seltsamen, unregelmäßigen, übereinandergetürmten Lichtbündel anzusehen, die so weit oben in der Luft blinkten, dass sie wie Sterne aussahen, die von der Schlossmauer auf der einen und vom Calton Hill auf der anderen Seite herabschienen, so, als ob sie wirkliche Luftschlösser beleuchteten. Währenddessen lag unten in düsterer Finsternis die alte malerische Stadt in tiefem Schlaf, ihr Schloss und die Kapelle von Holyrood – Tag und Nacht vom alten Arthur's Seat bewacht, wie ein Freund meines Onkels zu sagen pflegte: er thronte unfreundlich und düster, wie ein

cient city he has watched so long. I say, gentlemen, my uncle stopped here for a minute to look about him; and then, paying a compliment to the weather which had a little cleared up, though the moon was sinking, walked on again as royally as before, keeping the middle of the road with great dignity, and looking as if he should very much like to meet with somebody who would dispute possession of it with him. There was nobody at all disposed to contest the point, as it happened; and so on he went, with his thumbs in his waistcoat pockets, as peaceable as a lamb.

When my uncle reached the end of Leith Walk, he had to cross a pretty large piece of waste ground which separated him from a short street which he had to turn down to go direct to his lodging. Now in this piece of waste ground there was at that time an inclosure belonging to some wheelwright, who contracted with the Post-office for the purchase of old worn-out mail coaches; and my uncle being very fond of coaches, old, young, or middle-aged, all at once took it into his head to step out of his road for no other purpose than to peep between the palings at these mails, about a dozen of which he remembered to have seen, crowded together in a very forlorn and dismantled state, inside. My uncle was a very enthusiastic, emphatic sort of person, gentlemen; so, finding that he could not obtain a good peep between the palings, he got over them, and setting himself quietly down on an old axle-tree, began to contemplate the mail coaches with a great deal of gravity.

mürrischer Schutzengel, über der ehrwürdigen Stadt, die er so lange beobachtet hat. Wie gesagt, meine Herren, mein Onkel hielt hier für einen Augenblick an, um sich etwas umzusehen, dann sagte er etwas Nettes zum Wetter, das sich, obwohl der Mond am Untergehen war, ein wenig aufgehellt hatte, und wanderte so majestätisch weiter wie zuvor. Er ging mit großer Würde in der Mitte der Straße und sah aus, als ob er sehr gerne einem begegnen würde, der ihm den Besitz derselben streitig machte. Doch niemand auf der Welt hatte Lust, diese Sache anzufechten, und so schritt er weiter, mit den Daumen in den Westentaschen, friedfertig wie ein Lamm.

Als mein Onkel das Ende von Leith Walk erreichte, musste er ein ziemlich großes Stück ödes Feld überqueren, das ihn von der kleinen Straße trennte, die er hinunterzugehen hatte, um direkt zu seiner Unterkunft zu gelangen. Nun war zu der Zeit auf diesem Stück Ödland eine Einzäunung, welche einem Wagenmacher gehörte, der mit dem Postamt einen Vertrag über den Ankauf alter, ausgedienter Postkutschen geschlossen hatte; und meinem Onkel, der eine große Vorliebe für Kutschen hatte, ob sie nun alt, jung oder dazwischen waren, kam es plötzlich in den Sinn, die Straße zu verlassen, zu keinem anderen Zweck, als um zwischen den Zaunstäben hindurch diese Kutschen anzusehen, von denen er sich erinnerte, etwa ein Dutzend innen auf einem Haufen, in einem sehr einsamen und ausgeschlachteten Zustande, gesehen zu haben. Mein Onkel war ein begeisterungsfähiger und entschlussfreudiger Mensch, meine Herren. Als er daher durch die Zaunstäbe hindurch keinen guten Blick erhaschen konnte, kletterte er darüber hinweg, setzte sich friedlich auf eine alte Achse und begann die Kutschen mit großem Ernst zu betrachten.

There might be a dozen of them, or there might be more – my uncle was never quite certain upon this point, and being a man of very scrupulous veracity about numbers, didn't like to say – but there they stood, all huddled together in the most desolate condition imaginable. The doors had been torn from their hinges and removed, the linings had been stripped off, only a shred hanging here and there by a rusty nail; the lamps were gone, the poles had long since vanished, the iron-work was rusty, the paint worn away; the wind whistled through the chinks in the bare wood-work, and the rain, which had collected on the roofs, fell drop by drop into the insides with a hollow and melancholy sound. They were the decaying skeletons of departed mails, and in that lonely place, at that time of night, they looked chill and dismal.

My uncle rested his head upon his hand, and thought of the busy bustling people who had rattled about, years before, in the old coaches, and were now as silent and changed; he thought of the numbers of people to whom one of those crazy, mouldering vehicles had borne, night after night for many years and through all weathers, the anxiously expected intelligence, the eagerly looked-for remittance, the promised assurance of health and safety, the sudden announcement of sickness and death. The merchant, the lover, the wife, the widow, the mother, the schoolboy, the very child who tottered to the door at the postman's knock – how had they all looked forward to the arrival of the old coach. And where were they all now!

Es mögen ein Dutzend gewesen sein, vielleicht mehr – mein Onkel war darin nie ganz sicher, und da er in Zahlenangaben von einer peinlichen Wahrheitsliebe war, wollte er sich nicht festlegen –, jedenfalls, da standen sie alle zusammengepfercht, in dem traurigsten Zustande, den man sich denken kann. Die Türen waren aus den Angeln gerissen und davongetragen worden, die Bezüge waren heruntergefetzt und nur ein Stoffrest hing hier und da an einem rostigen Nagel; die Lampen waren fort, die Deichseln waren längst verschwunden, die Eisenbeschläge waren verrostet, die Farbe abgegangen; der Wind blies durch die Risse im nackten Holzwerk; der Regen, der sich auf den Dächern angesammelt hatte, fiel Tropfen für Tropfen in das Innere, mit einem hohlen, melancholischen Laut. Es waren die zerfallenen Skelette von ins Jenseits abgefahrenen Kutschen, und an diesem einsamen Ort, in dieser Nachtstunde sahen sie kalt und düster aus.

Mein Onkel stützte seinen Kopf in die Hände und dachte an die geschäftigen, eifrigen Leute, die viele Jahre früher in diesen alten Kutschen umhergerasselt waren und die nun wohl ebenso still und verwandelt waren; er dachte an die vielen Menschen, denen eine dieser verrückten, vermodernden Kutschen Nacht für Nacht, durch viele Jahre bei jedem Wetter, die ängstlich erwartete Nachricht gebracht hatte, das sehnlich erhoffte Geld, das versprochene beruhigende Lebenszeichen, die plötzliche Mitteilung von Krankheit und Tod. Der Kaufmann, der Liebhaber, die Gattin, die Witwe, die Mutter, der Schuljunge, das kleine Kind, das an das Tor stolperte, wenn der Postbote klopfte – wie hatten sie alle auf die Ankunft der alten Kutsche gewartet! Und wo waren sie nun alle?

Gentlemen, my uncle used to *say* that he thought all this at the time, but I rather suspect he learnt it out of some book afterwards, for he distinctly stated that he fell into a kind of doze as he sat on the old axletree looking at the decayed mail coaches, and that he was suddenly awakened by some deep church-bell striking two. Now, my uncle was never a fast thinker, and if he had thought all these things, I am quite certain it would have taken him till full half-past two o'clock at the very least. I am, therefore, decidedly of opinion, gentlemen, that my uncle fell into the kind of doze without having thought about any thing at all.

Be this as it may, a church bell struck two. My uncle woke, rubbed his eyes, and jumped up in astonishment.

Meine Herren, mein Onkel behauptete immer, dass all diese Gedanken damals durch seinen Kopf gingen, aber ich habe eher den Verdacht, dass er sie hinterher in einem Buch las; denn er sagte ausdrücklich, er sei in eine Art von Schlummer versunken, als er auf der alten Achse saß und auf die verfallenen Postkutschen blickte, und sei plötzlich davon aufgeweckt worden, dass eine dumpfe Kirchenglocke zwei schlug. Nun, mein Onkel war nie ein schneller Denker gewesen, und wenn er wirklich all diese Dinge gedacht hätte, so bin ich ganz sicher, er hätte dazu allermindestens bis um halb drei Uhr gebraucht. Ich bin daher, meine Herren, der entschiedenen Ansicht, dass mein Onkel in besagten Schlummer versank, ohne überhaupt an irgend etwas gedacht zu haben.

Wie dem auch sei, eine Kirchenglocke schlug zwei. Mein Onkel erwachte, rieb sich die Augen und sprang in großem Erstaunen auf.

In one instant, after the clock struck two, the whole of this deserted and quiet spot had become a scene of the most extraordinary life and animation. The mail coach doors were on their hinges, the lining was replaced, the iron-work was as good as new, the paint was restored, the lamps were alight; cushions and great coats were on every coach box, porters were thrusting parcels into every boot, guards were stowing away letter-bags, hostlers were dashing pails of water against the renovated wheels; numbers of men were rushing about, fixing poles into every coach, passengers arrived, portmanteaus were handed up, horses were put to, and in short it was perfectly clear that every mail there was to be off directly. Gentlemen, my uncle opened his eyes so wide at all this, that, to the very last moment of his life, he used to wonder how it fell out that he had ever been able to shut 'em again.

"Now then," said a voice, as my uncle felt a hand on his shoulder, "You're booked for one inside. You'd better get in."

"*I* booked!" said my uncle, turning round.

"Yes, certainly."

My uncle, gentlemen, could say nothing, he was so very much astonished. The queerest thing of all, was, that although there was such a crowd of persons, and although fresh faces were pouring in, every moment, there was no telling where they came from; they seemed to start up in some strange manner from the ground or the air, and to disappear in the same way. When a porter had

In einem einzigen Augenblick verwandelte sich, als die Uhr zwei geschlagen hatte, dieser ganze verlassene und stille Ort in einen Schauplatz von höchst ungewöhnlicher Bewegung und Geschäftigkeit. Die Türen der Postkutschen hingen in ihren Angeln, die Bezüge waren wieder da, die Eisenbeschläge waren so gut wie neu, die Farbe war wiederhergestellt, die Lampen brannten, Kissen und Überzieher lagen auf dem Bock jeder Kutsche, die Gepäckträger warfen Pakete in jeden Kofferraum, Kondukteure verstauten Postsäcke, Stallknechte schütteten Eimer voll Wasser gegen die nun wieder neuen Räder, viele Männer eilten hin und her und befestigten Deichseln an jedem Wagen; Reisende kamen an, Mantelsäcke wurden heraufgereicht, Pferde angeschirrt, und mit einem Wort, es war ganz offensichtlich, dass alle Kutschen sogleich abfahren würden. Meine Herren, mein Onkel riss über das alles seine Augen so weit auf, dass er sich bis zum allerletzten Augenblick seines Lebens immer wieder gefragt hat, wie es möglich war, dass er sie je wieder zumachen konnte.

«Nun!» sagte eine Stimme, und mein Onkel fühlte eine Hand auf seiner Schulter, «Euer bestellter Platz ist innen. Ihr steigt jetzt besser ein.»

«Mein Platz?» sagte mein Onkel und wandte sich um.

«Ja, gewiss.»

Meine Herren, mein Onkel brachte kein Wort hervor, so sehr verwundert war er. Das Merkwürdigste an der Sache war, dass man, obwohl eine so große Menge von Menschen da war und jeden Augenblick neue Gesichter hereinströmten, nicht sagen konnte, woher sie kamen. Sie schienen auf eine seltsame Weise aus dem Boden oder aus der Luft aufzutauchen und auf dieselbe Weise wieder zu verschwinden. Wenn ein Gepäckträger seine Last in die Kutsche

put his luggage in the coach, and received his fare, he turned round and was gone; and before my uncle had well begun to wonder what had become of him, half-a-dozen fresh ones started up, and staggered along under the weight of parcels which seemed big enough to crush them. The passengers were all dressed so oddly too – large, broad-skirted laced coats with great cuffs and no collars; and wigs, gentlemen, – great formal wigs with a tie behind. My uncle could make nothing of it.

"Now, *are* you going to get in?" said the person who had addressed my uncle before. He was dressed as a mail guard, with a wig on his head and most enormous cuffs to his coat, and had got a lantern in one hand and a huge blunderbuss in the other, which he was going to stow away in his little arm-chest. "*Are* you going to get in, Jack Martin?" said the guard, holding the lantern to my uncle's face.

"Hallo," said my uncle, falling back a step or two. "That's familiar!"

"It's so on the way-bill," replied the guard.

"Isn't there a 'Mister' before it?" said my uncle – for he felt, gentlemen, that for a guard he didn't know to call him Jack Martin, was a liberty which the Post-office wouldn't have sanctioned if they had known it.

"No; there is not," rejoined the guard coolly.

"Is the fare paid?" enquired my uncle.

"Of course it is," rejoined the guard.

"It is, is it?" said my uncle. "Then here goes – which coach?"

gebracht und seinen Lohn im Empfang genommen hatte,
wandte er sich um und war fort, und ehe mein Onkel an-
fing sich zu fragen, was aus ihm geworden war, erschienen
schon ein halbes Dutzend neue und stolperten dahin unter
einer Last von Paketen, die groß genug schienen, sie zu
zermalmen. Die Reisenden waren auch sehr sonderbar angezogen: große weite Mäntel mit Besätzen und mächtigen Ärmelaufschlägen, ohne Kragen; und Perücken, meine
Herren – große vornehme Perücken mit einer Schleife
hinten. Mein Onkel konnte es sich nicht erklären.

«Nun, *wollt* Ihr einsteigen?» sagte der Mensch, der
meinen Onkel zuerst angeredet hatte. Er war angezogen
wie ein Postkutschenkondukteur mit einer Perücke auf
dem Kopf und riesigen Ärmelaufschlägen; in der einen
Hand hatte er eine Laterne, in der anderen eine gewaltige
Donnerbüchse, die er in seiner kleinen Waffenkiste ver-
staute. «*Wollt* Ihr einsteigen, Jack Martin?» sagte der Kondukteur und hielt meinem Onkel die Laterne vors Gesicht.

«Hallo!» sagte mein Onkel und wich einen oder zwei
Schritte zurück. «Das nenne ich vertraulich!»

«Es steht so auf der Passagierliste», erwiderte der Kondukteur.

«Steht nicht ‹Herr› davor?» sagte mein Onkel; denn er
empfand, meine Herren, dass, ihn einfach Jack Martin zu
nennen, für einen Kondukteur, den er nicht kannte, eine
Freiheit war, die die Postverwaltung nicht gebilligt hätte,
wenn sie ihr bekanntgeworden wäre.

«Nein, das steht nicht da», sagte der Kondukteur kühl.

«Ist das Fahrgeld bezahlt?» fragte mein Onkel.

«Selbstverständlich», entgegnete der Kondukteur.

«Wirklich? Wirklich?» sagte mein Onkel. «Dann los!
Welche Kutsche?»

"This," said the guard, pointing to an old-fashioned Edinburgh and London Mail, which had got the steps down, and the door open. "Stop – here are the other passengers. Let them get in first."

As the guard spoke, there all at once appeared, right in front of my uncle, a young gentleman in a powdered wig and a sky blue coat trimmed with silver, made very full and broad in the skirts, which were lined with buckram. Tiggin and Welps were in the printed calico and waistcoat piece line, gentlemen, so my uncle knew all the materials at once. He wore knee breeches and a kind of leggings rolled up over his silk stockings, and shoes with buckles; he had ruffles at his wrists, a three-cornered hat on his head, and a long taper sword by his side. The flaps of his waistcoat came half way down his thighs, and the ends of his cravat reached to his waist. He stalked gravely to the coach-door, pulled off his hat, and held it out above his head at arm's length, cocking his little finger in the air at the same time, as some affected people do when they take a cup of tea: then drew his feet together, and made a low grave bow, and then put out his left hand. My uncle was just going to step forward, and shake it heartily, when he perceived that these attentions were directed not towards him, but to a young lady, who just then appeared at the foot of the steps, attired in an old-fashioned green velvet dress, with a long waist and stomacher. She had no bonnet on her head, gentlemen, which was muffled in a black silk hood, but she looked round for an instant as she prepared to

«Diese», sagte der Kondukteur und deutete auf eine alt-
modische Edinburgh–London-Post, bei der das Trittbrett
herabgelassen war und der Schlag offenstand. «Halt! Das
sind die anderen Reisenden; lasst die zuerst einsteigen.»

Während der Kondukteur redete, erschien plötzlich direkt vor meinem Onkel ein junger Mann in gepuderter
Perücke und in einem himmelblauen Mantel mit silber-
nen Borten, der sehr volle und weite, mit Steifleinwand
gefütterte Schöße hatte. Tiggin & Welps, meine Herren,
handelten mit bedrucktem Kattun und Westen, daher er-
kannte mein Onkel sofort alle diese Zutaten. Der Mann
trug Kniehosen, eine Art Gamaschen, die über seine Sei-
denstrümpfe gerollt waren, und Schnallenschuhe; er hatte
Spitzen an den Ärmeln, einen dreispitzigen Hut auf dem
Kopf und einen langen spitzen Degen an der Seite. Die
Schöße seiner Weste reichten die halben Beine hinab, und
die Zipfel seines Halstuchs gingen ihm bis zur Hüfte.
Er schritt feierlich zum Wagenschlag, zog den Hut und
hielt ihn eine Armeslänge über seinen Kopf, während er
zugleich den kleinen Finger in die Luft streckte, wie es
manche affektierten Leute tun, wenn sie eine Teetasse
zu sich nehmen. Dann schlug er seine Fersen zusammen,
machte eine tiefe, feierliche Verbeugung und streckte darauf seine linke Hand aus. Mein Onkel wollte eben vor-
treten und sie herzhaft schütteln, als er sah, dass diese
Aufmerksamkeiten nicht ihm galten, sondern einer jungen Dame, die im selben Augenblick unten am Trittbrett
erschien, gekleidet in ein altmodisches grünes Samtkleid
mit langer Jacke und Brustlatz. Auf dem Kopf, der in eine
schwarze Seidenhaube eingehüllt war, trug sie keinen
Hut, meine Herren. Sie blickte sich aber für einen kurzen
Moment um, als sie sich anschickte, in die Kutsche zu stei-

get into the coach, and such a beautiful face as she discovered my uncle had never seen – not even in a picture. She got into the coach, holding up her dress with one hand, and as my uncle always said with a round oath, when he told the story, he wouldn't have believed it possible that legs and feet could have been brought to such a state of perfection unless he had seen them with his own eyes.

But in this one glimpse of the beautiful facte, my uncle saw that the young lady had cast an imploring look upon him, and that she appeared terrified and distressed. He noticed too, that the young fellow in the powdered wig, notwithstanding his show of gallantry, which was all very fine and grand, clasped her tight by the wrist when she got in, and followed himself immediately afterwards. An uncommonly ill-looking fellow in a close brown wig, and a plum-coloured suit, wearing a very large sword and boots up to his hips, belonged to the party; and when he sat himself down next to the young lady, who shrunk into a corner at his approach, my uncle was confirmed in his original impression that something dark and mysterious was going forward, or, as he always said himself, that "there was a screw loose somewhere." It's quite surprising how quickly he made up his mind to help the lady at any peril, if she needed help.

"Death and lightning!" exclaimed the young gentleman, laying his hand upon his sword, as my uncle entered the coach.

gen, und dabei enthüllte sie ein so wunderschönes Gesicht, wie mein Onkel es noch nie gesehen hatte, nicht einmal auf einem Gemälde. Sie stieg in die Kutsche, hob mit einer Hand ihr Kleid hoch und, wie mein Onkel jedesmal, wenn er die Geschichte erzählte, mit einem gewaltigen Schwur versicherte, er hätte nicht geglaubt, dass Beine und Füße einen solchen Grad der Vollkommenheit erreichen könnten, wenn er sie nicht mit seinen eigenen Augen gesehen hätte.

Aber in diesem einen Blick auf das wunderschöne Gesicht sah mein Onkel, dass die junge Dame ihre Augen flehentlich auf ihn richtete und dass sie erschreckt und in Not zu sein schien. Er bemerkte auch, dass der junge Bursche in der gepuderten Perücke trotz seines galanten Auftretens, das ja sehr edel und großartig war, sie fest am Handgelenk gefasst hielt, als sie einstieg, und selber unmittelbar folgte. Ein ungewöhnlich böse blickender Mensch in einer engen braunen Perücke und einem pflaumenfarbigen Anzug, der ein sehr großes Rapier an der Seite trug und Stiefel hatte, die bis an die Hüfte reichten, gehörte auch zur Reisegesellschaft; und als er sich neben der jungen Dame niederließ, die bei seinem Näherkommen in ihre Ecke zurückschreckte, da bestärkte dies meinen Onkel in seinem ursprünglichen Eindruck, dass hier etwas Dunkles und Geheimnisvolles vor sich ging oder dass, wie er selber immer sagte, irgendwo «etwas faul» war. Es ist ganz erstaunlich, wie schnell er nun den Entschluss fasste, der Dame zu helfen, wenn sie der Hilfe bedürfe, was ihm auch immer geschehen möge.

«Tod und Blitz!» rief der junge Mann aus, als mein Onkel die Kutsche betrat, und fuhr mit der Hand an seinen Degen.

"Blood and thunder!" roared the other gentleman. With this he whipped his sword out, and made a lunge at my uncle without further ceremony. My uncle had no weapon about him, but with great dexterity he snatched the ill-looking gentleman's three-cornered hat from his head, and receiving the point of his sword right through the crown, squeezed the sides together, and held it tight.

"Pink him behind," cried the ill-looking gentleman to his companion, as he struggled to regain his sword.

"He had better not," cried my uncle, displaying the heel of one of his shoes in a threatening manner. "I'll kick his brains out if he has any, or fracture his skull if he hasn't." Exerting all his strength at this moment, my uncle wrenched the ill-looking man's sword from his grasp, and flung it clean out of the coach-window, upon which the younger gentleman vociferated "Death and lightning!" again, and laid his hand upon the hilt of his sword in a very fierce manner, but didn't draw it. Perhaps, gentlemen, as my uncle used to say, with a smile, perhaps he was afraid of alarming the lady.

"Now gentlemen," said my uncle, taking his seat deliberately, "I don't want to have any death with or without lightning in a lady's presence, and we have had quite blood and thundering enough for one journey; so if you please, we'll sit in our places like quiet insides – here, guard, pick up that gentleman's carving knife."

«Blut und Donner!» brüllte der andere Herr. Damit riss er seinen Degen heraus und machte ohne weitere Umstände einen Ausfall gegen meinen Onkel. Mein Onkel hatte keine Waffe bei sich, aber mit großer Behendigkeit riss er dem böse blickenden Herrn den dreispitzigen Hut vom Kopf und, nachdem die Spitze des Degens genau durch die Hutstumpe gefahren war, presste er die drei Seiten zusammen und hielt die Waffe fest.

«Stoß ihn von hinten!» schrie der böse blickende Herr seinem Gefährten zu, während er sich Mühe gab, seinen Degen wieder zu erlangen.

«Das tut er besser nicht», sagte mein Onkel und wies in bedrohlicher Weise einen seiner Absätze vor. «Ich schlage ihm das Gehirn heraus, wenn er eines hat, oder zertrümmere ihm den Schädel, wenn er keines hat.» Alle seine Kräfte in diesem Augenblick aufbietend, wand mein Onkel dem böse blickenden Mann das Rapier aus der Hand und schleuderte es weit aus dem Kutschenfenster, worauf der jüngere Herr noch einmal «Tod und Blitz!» hervorstieß und in sehr heftiger Weise mit der Hand an den Griff seines Degens fuhr – jedoch ohne ihn zu ziehen. Vielleicht, meine Herren, wie mein Onkel mit einem Lächeln zu sagen pflegte – vielleicht fürchtete er, die Dame zu erschrecken.

«Nun, meine Herren», sagte mein Onkel und nahm bedächtig seinen Platz wieder ein, «ich will hier in Gegenwart einer Dame keinen Tod haben, mit oder ohne Blitz, und wir haben Blut und Donner genug gehabt für eine Reise. Wir wollen also, wenn es Ihnen beliebt, auf unseren Plätzen sitzen wie friedliche Reisende. – Hier, Kondukteur, heben Sie doch das Tranchiermesser dieses Herrn auf.»

As quickly as my uncle said the words, the guard appeared at the coach-window with the gentleman's sword in his hand. He held up his lantern, and looked earnestly in my uncle's face as he handed it in, when by its light my uncle saw, to his great surprise, that an immense crowd of mail-coach guards swarmed round the window, every one of whom had his eyes earnestly fixed upon him too. He had never seen such a sea of white faces and red bodies, and earnest eyes, in all his born days.

"This is the strangest sort of thing I ever had any thing to do with," thought my uncle – "allow me to return you your hat, Sir."

This ill-looking gentleman received his three-cornered hat in silence – looked at the hole in the middle with an enquiring air, and finally stuck it on the top of his wig, with a solemnity the effect of which was a trifle impaired by his sneezing violently at the moment, and jerking it off again.

"All right!" cried the guard with the lantern, mounting into his little seat behind. Away they went. My uncle peeped out of the coach-window as they emerged from the yard, and observed that the other mails, with coachmen, guards, horses, and passengers complete, were driving round and round in circles, at a slow trot of about five miles an hour. My uncle burnt with indignation, gentlemen. As a commercial man, he felt that the mail bags were not to be trifled with, and he resolved to memorialise the Post-office upon the subject, the very instant he reached London.

Sobald mein Onkel das gesagt hatte, erschien der Kondukteur am Fenster der Kutsche mit dem Rapier des Herrn in seiner Hand. Er hielt seine Laterne in die Höhe und blickte meinem Onkel ernst ins Gesicht, als er es hereinreichte; beim Schein der Laterne sah mein Onkel zu seiner großen Überraschung, dass eine große Menge von Postkutschenkondukteuren um das Fenster schwärmte und jeder von ihnen ebenfalls seine Augen ernst auf ihn gerichtet hatte. Seiner Lebtage hatte er noch nie solch ein Meer von weißen Gesichtern, roten Gestalten und ernsten Augen gesehen.

«Das ist die merkwürdigste Geschichte, mit der ich je zu tun hatte», dachte mein Onkel. – «Erlaubt, dass ich Euch Euren Hut zurückgebe, Sir.»

Der böse blickende Herr nahm schweigend seinen Dreispitz entgegen, sah mit einem forschen Blick auf das Loch in der Mitte und setzte ihn endlich auf seine Perücke, mit einer Feierlichkeit, die nur dadurch ein wenig beeinträchtigt wurde, dass er im selben Augenblick heftig niesen musste, wodurch er ihm wieder herunterfiel.

«Alles in Ordnung!» schrie der Kondukteur mit der Lampe und bestieg seinen kleinen Sitz hinten an der Kutsche. Da fuhren sie auch schon davon. Mein Onkel sah aus dem Kutschenfenster, als sie den Hof verließen, und er bemerkte, dass die anderen Kutschen, samt Kutschern, Kondukteuren, Pferden und Passagieren, immer im Kreise herumfuhren, in einem langsamen Trott von etwa fünf Meilen pro Stunde. Mein Onkel kochte vor Unmut, meine Herren. Als Geschäftsmann fand er, dass man mit Postsäcken keinen Unfug zu treiben hatte, und er beschloss, dem Postamt davon Bericht zu erstatten, sobald sie in London angekommen wären.

At present, however, his thoughts were occupied with the young lady who sat in the furthest corner of the coach, with her face muffled closely in her hood: the gentleman with the sky blue coat sitting opposite to her, and the other man in the plum-coloured suit, by her side, and both watching her intently. If she so much as rustled the folds of her hood, he could hear the ill-looking man clap his hand upon his sword, and tell by the other's breathing (it was so dark he couldn't see his face) that he was looking as big as if he were going to devour her at a mouthful. This roused my uncle more and more, and he resolved, come what come might, to see the end of it. He had a great admiration for bright eyes, and sweet faces, and pretty legs and feet; in short he was fond of the whole sex. It runs in our family, gentlemen – so am I.

Many were the devices which my uncle practised to attract the lady's attention, or at all events, to engage the mysterious gentlemen in conversation. They were all in vain; the gentlemen wouldn't talk, and the lady didn't dare. He thrust his head out of the coach-window at intervals, and bawled out to know why they didn't go faster. But he called till he was hoarse – nobody paid the least attention to him. He leant back in the coach, and thought of the beautiful face, and the feet and legs. This answered better; it wiled away the time, and kept him from wondering where he was going to, and how it was he found himself in such an odd situation. Not that this would have worried him much any way – he was a mighty, free and

Im Augenblick aber waren seine Gedanken mit der jungen Dame beschäftigt, die in der entferntesten Ecke der Kutsche saß, das Gesicht fest in ihre Haube eingehüllt; gegenüber saß der Herr im himmelblauen Mantel, neben ihr saß der Herr im pflaumenfarbenen Anzug, und beide beobachteten sie scharf. Wenn nur die Falten ihrer Haube ein wenig raschelten, so konnte er schon den bösen blickenden Mann mit der Hand an den Degen schlagen hören; und er merkte aus dem Schnauben des anderen (es war so dunkel, dass er sein Gesicht nicht sehen konnte), dass der sich so aufblähte, als ob er sie auf einen Happen verschlingen wollte. Dies erregte meinen Onkel immer mehr, und er beschloss, zu sehen wohin das führe, komme, was da kommen wolle. Er war ein großer Bewunderer von glänzenden Augen und süßen Gesichtern, von hübschen Beinen und Füßen; kurz, er hatte eine Vorliebe für das ganze schöne Geschlecht. Sie liegt in unserer Familie, meine Herren – ich habe sie auch.

Auf vielerlei Art suchte mein Onkel die Aufmerksamkeit der Dame auf sich zu lenken oder wenigstens die geheimnisvollen Herren in eine Unterhaltung zu verwickeln. Alles war umsonst. Die Herren wollten nicht sprechen, und die Dame wagte es nicht. Mein Onkel stieß seinen Kopf aus dem Fenster und brüllte hinaus, warum sie nicht schneller fuhren. Aber er schrie, bis er heiser war; niemand schenkte ihm die geringste Beachtung. Er lehnte sich in die Kutsche zurück und dachte an das schöne Gesicht, an die Beine und Füße. Das schlug besser an; es vertrieb die Zeit und hinderte ihn, sich zu fragen, wohin sie fuhren und wie es kam, dass er sich in einer so seltsamen Lage befand. Nicht dass ihn das sonst sehr bekümmert hätte; er war ein ungemein leichtlebiger,

easy, roving, devil-may-care sort of person, was my uncle, gentlemen.

All of a sudden the coach stopped. "Hallo!" said my uncle. "What's in the wind now?"

"Alight here," said the guard, letting down the steps.

"Here!" cried my uncle.

"Here," rejoined the guard.

"I'll do nothing of the sort," said my uncle.

"Very well – then stop where you are," said the guard.

"I will," said my uncle.

"Do," said the guard.

The other passengers had regarded this colloquy with great attention; and finding that my uncle was determined not to alight, the younger man squeezed past him, to hand the lady out. At this moment the ill-looking man was inspecting the hole in the crown of his three-cornered hat. As the young lady brushed past, she dropped one of her gloves into my uncle's hand, and softly whispered with her lips, so close to his face that he felt her warm breath on his nose, the single word, "Help!" Gentlemen, my uncle leaped out of the coach at once with such violence that it rocked on the springs again.

"Oh! you've thought better of it, have you?" said the guard, when he saw my uncle standing on the ground.

My uncle looked at the guard for a few seconds, in some doubt whether it wouldn't be better to wrench his blunderbuss from him, fire it in the face

ruheloser, unbekümmerter Mensch, mein Onkel, wirklich, meine Herren.

Plötzlich hielte die Kutsche an. – «Hallo», sagte mein Onkel, «was ist jetzt los?»

«Steigt hier aus», sagte der Kondukteur und ließ das Trittbrett herab.

«Hier!» schrie mein Onkel.

«Hier!» erwiderte der Kondukteur.

«Ich werde nichts dergleichen tun», sagte mein Onkel.

«Sehr gut, dann bleibt, wo Ihr seid», sagte der Kondukteur.

«Das werde ich auch», sagte mein Onkel.

«Macht das», sagte der Kondukteur.

Die übrigen Reisenden waren dieser Unterredung mit großer Aufmerksamkeit gefolgt, und als sie merkten, dass mein Onkel entschlossen war, nicht auszusteigen, zwängte sich der jüngere Mann an ihm vorbei, um der Dame herauszuhelfen. Der böse blickende Herr war gerade damit beschäftigt, das Loch im oberen Teil seines Dreispitzes zu untersuchen. Als die junge Damen vorbeiglitt, ließ sie einen ihren Handschuhe in die Hand meines Onkels fallen und flüsterte leise mit ihren Lippen, so nahe an seinem Gesicht, dass er ihren warmen Atem auf seiner Nase spüren konnte, das einzige Wort. «Helft!». Meine Herren, mein Onkel sprang sofort aus der Kutsche, mit solcher Heftigkeit, dass sie auf ihren Federn schaukelte.

«Ah, Ihr habt Euch doch anders besonnen, wie?» sagte der Kondukteur, als er meinen Onkel auf der Erde stehen sah.

Mein Onkel sah den Kondukteur einige Sekunden lang an, unschlüssig, ob es nicht das beste sei, ihm die Donnerbüchse zu entwinden, sie dem Mann mit dem großen

of the man with the big sword, knock the rest of
the company over the head with the stock, snatch
up the young lady, and go off in the smoke. On second thoughts, however, he abandoned this plan as
being a shade too melo-dramatic in the execution,
and followed the two mysterious men, who, keeping
the lady between them, were now entering an old
house in front of which the coach had stopped. They
turned into the passage, and my uncle followed.

Of all the ruinous and desolate places my uncle
had ever beheld, this was the most so. It looked as
if it had once been a large house of entertainment,
but the roof had fallen in, in many places, and the
stairs were steep, rugged, and broken. There was a
huge fire-place in the room into which they walked, and the chimney was blackened with smoke,
but no warm blaze lighted it up now. The white
feathery dust of burnt wood was still strewed over
the hearth, but the stove was cold, and all was
dark and gloomy.

"Well," said my uncle as he looked about him.
"A mail travelling at the rate of six miles and a
half an hour, and stopping for an indefinite time
at such a hole as this, is rather an irregular sort
of proceeding I fancy. This shall be made known;
I'll write to the papers."

My uncle said this in a pretty loud voice, and in
an open unreserved sort of manner, with the view
of engaging the two strangers in conversation if he
could. But neither of them took any more notice of
him than whispering to each other, and scowling
at him as they did so. The lady was at the further

Rapier ins Gesicht abzufeuern, dem Rest der Gesellschaft den Kolben über den Kopf zu schlagen, die junge Dame zu ergreifen und sich im Pulverdampf davonzumachen. Bei genauerer Überlegung gab er diesen Plan auf, dessen Ausführung ihm doch um ein kleines zu melodramatisch erschien, und folgte den beiden geheimnisvollen Männern, die nun, die Dame wieder zwischen sich, ein altes Haus betraten, vor dem die Kutsche gehalten hatte. Sie gingen den Flur hinunter und mein Onkel folgte.

Von allen verfallenen und verlassenen Orten, die mein Onkel je zu Gesicht bekommen hatte, war dieser der schlimmste. Er sah aus, als ob es einst ein großes Vergnügungslokal gewesen sei, aber das Dach war an vielen Stellen eingefallen, und die Treppenstufen waren steil, abgebröckelt und zerbrochen. Der Raum, in den sie eintraten, hatte einen riesigen Kamin; die Öffnung war schwarz von Rauch, aber keine warme Glut erhellte ihn nun. Weiße flaumige Asche von verbranntem Holz war noch über den Herd verstreut, aber der Ofen war kalt und alles war dunkel und unheimlich.

«Nun», sagte mein Onkel, als er sich umsah, «eine Postkutsche, die mit sechseinhalb Meilen pro Stunde reist und für unbestimmte Zeit an einem solchen Loch anhält, ist doch eine recht ungewöhnliche Art von Vorgang, meine ich. Das soll bekannt gemacht werden. Ich will an die Zeitung schreiben.»

Mein Onkel sagte dies mit ziemlich lauter Stimme und in einer offenen, zwanglosen Art, mit der Absicht, die beiden Fremden, wenn möglich, in ein Gespräch zu verwikkeln. Aber keiner von ihnen schenkte ihm mehr Beachtung, als dass sie miteinander flüsterten und grimmige Blicke auf ihn warfen. Die Dame stand am entfernteren Ende des

end of the room, and once she ventured to wave
her hand, as if beseeching my uncle's assistance.

At length the two strangers advanced a little,
and the conversation began in earnest.

"You don't know this is a private room; I sup-
pose, fellow," said the gentleman in sky-blue.

"No I do not, fellow," rejoined my uncle. "Only
if this is a private room specially ordered for the
occasion, I should think the public room must be
a *very* comfortable one;" with this, my uncle sat
himself down in a high-backed chair and took such
an accurate measure of the gentleman with his
eyes, that Tiggin and Welps could have supplied
him with printed calico for a suit, and not an inch
too much or too little, from that estimate alone.

"Quit this room," said both the men together,
grasping their swords.

"Eh?" said my uncle, not at all appearing to
comprehend their meaning.

"Quit the room, or you are a dead man," said
the ill-looking fellow with the large sword, drawing
it at the same time and flourishing it in the air.

"Down with him!" said the gentleman in sky-
blue, drawing his sword also, and falling back two
or three yards. "Down with him!" The lady gave
a loud scream.

Now, my uncle was always remarkable for
great boldness and great presence of mind. All
the time that he had appeared so indifferent to
what was going on, he had been looking slyly
about for some missile or weapon of defence, and
at the very instant when the swords were drawn,

Raumes, und einmal wagte sie es, mit der Hand zu winken, als ob sie die Hilfe meines Onkels herbeiflehen wollte.

Schließlich traten die beiden Fremden etwas vor, und die Unterhaltung begann allen Ernstes.

«Ihr wisst wohl nicht, dass dies ein privater Raum ist, Kerl?» sagte der Herr in Himmelblau.

«Nein, das weiß ich nicht, Kerl!» entgegnete mein Onkel. «Nur, wenn das ein privater Raum ist, eigens für diesen Anlass bestellt, so muss der öffentliche Raum ungemein gemütlich sein.» Damit setzte sich mein Onkel in einen hohen Sessel und nahm den Herrn mit seinen Augen so genau das Maß, dass Tiggin & Welps ihn nur auf Grund dieser Abschätzung mit bedrucktem Kattun für einen Anzug hätten beliefern können, ohne einen Zoll zu viel oder zu wenig.

«Verlasst diesen Raum», sagten die beiden Männer gleichzeitig und griffen nach ihren Degen.

«Eh?» sagte mein Onkel und schien ganz und gar nicht zu begreifen, was sie meinten.

«Verlasst den Raum, oder Ihr seid ein toter Mann», sagte der böse blickende Herr mit dem großen Rapier, zog es im selben Augenblick hervor und schwang es in der Luft.

«Nieder mit ihm!» schrie der Herr in Himmelblau, zog gleichfalls seinen Degen und trat zwei oder drei Schritte zurück. – «Nieder mit ihm!» Die Dame kreischte laut auf.

Nun war mein Onkel schon immer von bemerkenswert großer Unerschrockenheit und Geistesgegenwart. Die ganze Zeit, während er so gleichgültig gegenüber allem, was vor sich ging, erschienen war, hatte er verstohlen um sich geblickt nach einem Geschoss oder einer Verteidigungswaffe, und in genau in dem Augenblick, als die Schwerter gezückt

he spied standing in the chimney corner, an old basket-hilted rapier in a rusty scabbard. At one bound, my uncle caught it in his hand, drew it, flourished it gallantly above his head, called aloud to the lady to keep out of the way, hurled the chair at the man in sky-blue, and the scabbard at the man in plum-colour, and taking advantage of the confusion, fell upon them both, pell-mell.

Gentlemen, there is an old story – none the worse for being true – regarding a fine young Irish gentleman, who being asked if he could play the fiddle, replied he had no doubt he could, but he couldn't exactly say for certain, because he had never tried. This is not inapplicable to my uncle and his fencing. He had never had a sword in his hand before, except once when he played Richard the Third at a private theatre, upon which occasion it was arranged with Richmond that he was to be run through from behind without shewing fight at all; but here he was, cutting and slashing with two experienced swordsmen, thrusting, and guarding, and pocking, and slicing, and acquitting himself in the most manful and dexterous manner possible, although up to that time he had never been aware that he had the least notion of the science. It only shows how true the old saying is, that a man never knows what he can do, till he tries, gentlemen.

The noise of the combat was terrific, each of the three combatants swearing like troopers, and their swords clashing with as much noise as if all the knives and steels in Newport market were rattling together at the same time. When it was at its very

wurden, entdeckte er in der Ecke am Kamin einen alten Degen mit Korbgriff in einer rostigen Scheide. Mit einem Sprung nahm ihn mein Onkel in die Hand, riss ihn aus der Scheide, schwang ihn mannhaft über seinem Haupt, rief der Dame laut zu, sich vorzusehen, schleuderte den Sessel gegen den Mann in Himmelblau, die Scheide gegen den Mann im pflaumenfarbenen Anzug und, indem er sich die Verwirrung zunutze machte, fiel er im Handgemenge über beide her.

Meine Herren, es gibt eine alte Geschichte – sie ist deshalb nicht schlechter, weil sie wahr ist – von einem wackeren jungen Iren, der, als man ihn fragte, ob er Geige spielen könne, antwortete, er zweifle nicht daran, dass er es könne, er könne es aber nicht mit Bestimmtheit sagen, weil er es noch nie versucht habe. Dies trifft auch auf meinen Onkel und seine Fechtkunst zu. Er hatte noch nie einen Degen in der Hand gehabt, außer einmal, als er auf einem Liebhaber-Theater Richard III. spielte; bei diesem Anlass war mit Richmond vereinbart worden, dass er von hinten durchbohrt werden solle, ohne dass er sich irgendwie zur Wehr setzte. Aber hier stand er, hauend und stechend mit zwei erfahrenen Fechtern, ausfallend und abwehrend, stoßend und schlitzend und parierend auf die mannhafteste und behendeste Weise, obwohl er bis dahin nie gewusst hatte, dass er auch nur die geringste Kenntnis in dieser Wissenschaft besitze. Es beweist nur, meine Herren, wie wahr der alte Spruch ist, dass einer nie weiß, was er alles kann, bevor er es versucht hat.

Das Kampfgetöse war ungeheuer – jeder der drei Kämpfer fluchte wie ein Landsknecht, und ihre Degen klirrten mit solchem Lärm, als ob alle Messer und Stahlwaren auf dem Markt von Newport zugleich aneinanderrasselten.

height, the lady, to encourage my uncle most probably, withdrew her hood entirely from her face, and disclosed a countenance of such dazzling beauty, that he would have fought against fifty men to win one smile from it and die. He had done wonders before, but now he began to powder away like a raving mad giant.

At this very moment, the gentleman in sky-blue turning round, and seeing the young lady with her face uncovered, vented an exclamation of rage and jealousy; and turning his weapon against her beautiful bosom, pointed a thrust at her heart which caused my uncle to utter a cry of apprehension that made the building ring. The lady stepped lightly aside, and snatching the young man's sword from his hand before he had recovered his balance, drove him to the wall, and running it through him and the pannelling up to the very hilt, pinned him there hard and fast. It was a splendid example. My uncle, with a loud shout of triumph and a strength that was irresistible, made his adversary retreat in the same direction, and plunging the old rapier into the very centre of a large red flower in the pattern of his waistcoat, nailed him beside his friend; there they both stood, gentlemen, jerking their arms and legs about in agony, like the toy-shop figures that are moved by a piece of packthread. My uncle always said afterwards, that this was one of the surest means he knew of, for disposing of an enemy; but it was liable to one objection on the ground of expense, inasmuch as it involved the loss of a sword for every man disabled.

Als das Gefecht auf dem vollen Höhepunkt war, zog die Dame (höchstwahrscheinlich um meinen Onkel zu ermutigen) die Haube ganz von ihrem Gesicht und enthüllte ein Antlitz von so blendender Schönheit, dass er gegen fünfzig Männer gekämpft hätte, um ein einziges Lächeln davon zu gewinnen und dann zu sterben. Er hatte vorher schon Wunder vollbracht, aber nun begann er draufloszuschlagen wie ein rasender tollgewordener Riese.

In diesem Augenblick wandte sich der Herr in Himmelblau um, sah die Dame mit ihrem unverhüllten Gesicht, stieß einen Schrei der Raserei und Eifersucht aus, richtete seinen Waffe gegen ihren wunderschönen Busen und zielte auf ihr Herz, was meinen Onkel zu einem Angstschrei trieb, der das Gebäude erbeben ließ. Die Dame trat behende zur Seite, riss dem jungen Mann das Rapier aus der Hand, ehe er seine Fassung wiedererlangt hatte, trieb ihn gegen die Wand, rammte es bis zum Griff durch ihn und die Täfelung hindurch und heftete ihn daran, hart und fest. Das war ein glänzendes Vorbild. Mein Onkel trieb seinen Gegner mit lautem Triumphgeschrei und mit unwiderstehlicher Kraft in die gleiche Richtung zurück, stieß den alten Degen genau in die Mitte einer großen roten Blume im Muster seiner Weste und nagelte ihn neben seinen Freund. Da standen sie beide, meine Herren, und zuckten mit ihren Armen und Beinen im Todeskampf, wie die Spielfiguren, die durch ein Stück Bindfaden in Bewegung versetzt werden. Mein Onkel sagte später immer, dass dies eines der zuverlässigsten Mittel sei, mit einem Feind fertigzuwerden; es habe nur den einen Nachteil der hohen Kosten, da es den Verlust eines Schwertes für jeden kampfunfähig gemachten Mann mit sich bringe.

"The mail, the mail!" cried the lady, running up to my uncle and throwing her beautiful arms round his neck; "we may yet escape."

"*May!*" said my uncle; "why, my dear, there's nobody else to kill, is there?" My uncle was rather disappointed, gentlemen, for he thought a little quiet bit of love-making would be agreeable after the slaughtering, if it were only to change the subject.

"We have not an instant to lose here," said the young lady. "He (pointing to the young gentleman in sky blue) is the only son of the powerful Marquess of Filletoville."

"Well then, my dear, I'm afraid he'll never come to the title," said my uncle, looking coolly at the young gentleman as he stood fixed up against the wall, in the cockchaffer fashion I have described. "You have cut off the entail, my love."

"I have been torn from my home and friends by these villains," said the young lady, her features glowing with indignation. "That wretch would have married me by violence in another hour."

"Confound his impudence!" said my uncle, bestowing a very contemptuous look on the dying heir of Filletoville.

"As you may guess from what you have seen," said the young lady, "the party were prepared to murder me if I appealed to any one for assistance. If their accomplices find us here, we are lost. Two minutes hence may be too late. The mail!" – and with these words, over-powered by her feelings

«Die Kutsche, die Kutsche!» rief die Dame aus, indem sie auf meinen Onkel zulief und ihre wunderschönen Arme um seinen Hals warf. «Wir können noch entkommen.»

«*Können?*» rief mein Onkel, «wie, meine Liebe, es ist doch sonst keiner mehr zu töten, oder?» Mein Onkel war einigermaßen enttäuscht, meine Herren, denn er dachte, ein kurzer, ruhiger Augenblick der Liebe wäre hübsch nach all dem Morden, wenn auch nur, um das Thema zu wechseln.

«Wir haben keinen Augenblick hier zu verlieren», sagte die junge Dame. «Er» (sie deutete auf den jungen Mann in Himmelblau) «ist der einzige Sohn des mächtigen Marquis von Filletoville.»

«Nun, meine Liebe, dann wird er, fürchte ich, niemals zu seinem Titel kommen», sagte mein Onkel und blickte kaltblütig auf den jungen Herrn, der da gleich einem Maikäfer an die Wand geheftet stand, wie ich es beschrieben habe. «Sie haben die Erbfolge unterbrochen, meine Liebe.»

«Ich wurde durch diese Schurken von Heim und Freunden gerissen», sagte die junge Dame, und ihr Gesicht glühte vor Zorn. «Noch eine Stunde, und dieser Nichtswürdige hätte mich mit Gewalt zu seinem Weibe gemacht.»

«Gott strafe seine Unverschämtheit!» sagte mein Onkel und heftete einen höchst verächtlichen Blick auf den sterbenden Erben von Filletoville.

«Wie Sie aus dem, was Sie gesehen haben, erraten können, wären die beiden bereit gewesen, mich zu töten, wenn ich mich an irgend jemanden um Hilfe wenden würde. Wenn ihre Genossen uns hier finden, sind wir verloren. Noch zwei Minuten, und es kann zu spät sein. Die Postkutsche!» Mit diesen Worten sank die junge Dame, überwältigt von ihren Gefühlen und der Anstrengung, den

and the exertion of sticking the young Marquess of Filletoville, she sunk into my uncle's arms. My uncle caught her up, and bore her to the house-door. There stood the mail with four long-tailed flowing-maned black horses, ready harnessed; but no coachman, no guard, no ostler even, at the horses' heads.

Gentlemen, I hope I do no injustice to my uncle's memory, when I express my opinion, that although he was a bachelor, he *had* held some ladies in his arms before this time; I believe indeed, that he had rather a habit of kissing bar-maids, and I know, that in one or two instances, he had been seen by credible witnesses, to hug a landlady in a very perceptible manner. I mention the circumstance, to show what a very uncommon sort of person this beautiful young lady must have been to have affected my uncle in the way she did; he used to say, that as her long dark hair trailed over his arm, and her beautiful dark eyes fixed themselves upon his face when she recovered, he felt so strange and nervous, that his legs trembled beneath him. But who can look in a sweet soft pair of dark eyes, without feeling queer? I can't, gentlemen. I am afraid to look at some eyes I know, and that's the truth of it.

"You will never leave me," murmured the young lady.

"Never," said my uncle. And he meant it too.

"My dear preserver!" exclaimed the young lady. "My dear, kind, brave preserver!"

"Don't," said my uncle, interrupting her.

jungen Marquis von Filletoville festzunageln, in die Arme meines Onkels. Der fing sie auf und trug sie zur Haustür. Da stand die Kutsche und vier fertig angespannte schwarze Pferde mit langen Schweifen und wehenden Mähnen, aber kein Kutscher, kein Kondukteur, nicht einmal ein Stallbursche zu Häupten der Pferde.

Meine Herren, ich hoffe, ich tue dem Andenken meines Onkels kein Unrecht, wenn ich sage, ich bin der Meinung, dass er, obwohl er ein Junggeselle war, gewiss schon vor diesem Zeitpunkt einige Damen in seinen Armen gehalten hatte; ich glaube sogar, es war eine Gewohnheit von ihm, Kellnerinnen zu küssen; und ich weiß, dass er in ein oder zwei Fällen von glaubwürdigen Zeugen gesehen worden ist, wie er eine Wirtin in sehr sichtbarer Weise umarmte. Ich erwähne den Umstand, um zu zeigen, was für eine ungewöhnliche Person die schöne junge Dame gewesen sein muss, um meinen Onkel so zu beeindrucken, wie sie es tat; er sagte immer, er habe sich, als ihr langes schwarzes Haar über seinen Arm herabhing und ihre wunderschönen dunklen Augen sich auf sein Gesicht hefteten, während sie sich erholte, so sonderbar und erregt gefühlt, dass seine Beine unter ihm zitterten. Aber wer kann in ein süßes Paar sanfter dunkler Augen blicken, ohne ein seltsames Gefühl zu verspüren? Ich kann es nicht, meine Herren. Ich fürchte mich, in gewisse Augen zu sehen, die ich kenne, wahrhaftig.

«Sie werden mich niemals verlassen», murmelte die junge Dame.

«Niemals», sagte mein Onkel. Und er meinte es auch ehrlich.

«Mein lieber Retter!» rief die junge Dame, «mein lieber, freundlicher, tapferer Retter!»

«Nicht», sagte mein Onkel, sie unterbrechend.

"Why?" enquired the young lady.

"Because your mouth looks so beautiful when you speak," rejoined my uncle, "that I am afraid I shall be rude enough to kiss it.

The young lady put up her hand as if to caution my uncle not to do so, and said – no, she didn't say anything – she smiled. When you are looking at a pair of the most delicious lips in the world, and see them gently break into a roguish smile – if you are very near them, and nobody else by – you cannot better testify your admiration of their beautiful form and colour than by kissing them at once. My uncle did so, and I honour him for it.

"Hark!" cried the young lady, starting. "The noise of wheels and horses."

"So it is," said my uncle, listening. He had a good ear for wheels and the trampling of hoofs, but there appeared to be so many horses and car-riages rattling towards them at a distance, that it was impossible to form a guess at their number. The sound was like that of fifty breaks, with six blood cattle in each.

"We are pursued!" cried the young lady, clasp-ing her hands. "We are pursued. I have no hope but in you."

There was such an expression of terror in her beautiful face, that my uncle made up his mind at once. He lifted her into the coach, told her not to be frightened, pressed his lips to hers once more, and then advising her to draw up the window to keep the cold air out, mounted to the box.

"Stay, love," cried the young lady.

«Warum?» fragte die junge Dame.

«Weil Ihr Mund so schön aussieht, wenn Sie sprechen», erwiderte mein Onkel, «dass ich fürchte, ich könnte so unhöflich sein, ihn zu küssen.»

Die junge Dame hob ihre Hand, wie um meinen Onkel zu warnen, das nicht zu tun, und sagte – nein, sie sagte nichts – sie lächelte. Wenn Sie ein Paar der köstlichsten Lippen in der Welt anschauen und sehen, wie sie sich sanft zu einem schelmischen Lächeln öffnen – wenn Sie ihnen ganz nahe sind und sonst niemand in der Nähe ist – dann können Sie Ihre Bewunderung für ihre wunderschöne Form und Farbe nicht besser bezeugen als dadurch, dass Sie sie sogleich küssen. Mein Onkel tat es, und ich ehre ihn darum.

«Hören Sie!» schrie die junge Dame und fuhr auf. «Der Ton von Rädern und Pferden!»

«So ist es», sagte mein Onkel und horchte. Er hatte ein gutes Ohr für Räder und Hufestampfen, aber da schienen so viele Pferde und Wagen aus der Ferne heranzurasseln, dass es unmöglich war, ihre Zahl abzuschätzen. Der Laut war ähnlich dem von fünfzig vierrädrigen Wagen mit sechs Vollblutpferden vor jedem.

«Wir werden verfolgt!» schrie die junge Dame und rang ihre Hände. «Wir werden verfolgt. Ich habe keine Hoffnung als Sie allein!»

Ihr Gesicht hatte einen so schreckensvollen Ausdruck, dass mein Onkel sofort seinen Entschluss fasste. Er hob sie in die Kutsche, bat sie, sie möge sich nicht erschrecken lassen, drückte seine Lippen noch einmal auf die ihren, gab ihr den Rat, das Fenster hochzuziehen, um den kalten Wind abzuhalten, und stieg auf den Bock.

«Halt, Geliebter», rief die junge Dame.

"What's the matter?" said my uncle, from the coach-box.

"I want to speak to you," said the young lady; "only a word – only one word, dearest."

"Must I get down?" enquired my uncle. The lady made no answer, but she smiled again. Such a smile, gentlemen! – it beat the other one all to nothing. My uncle descended from his perch in a twinkling.

"What is it, my dear?" said my uncle, looking in at the coach window. The lady happened to bend forward at the same time, and my uncle thought she looked more beautiful than she had done yet. He was very close to her just then, gentlemen, so he really ought to know.

"What is it, my dear?" said my uncle.

"Will you never love any one but me – never marry any one beside?" said the young lady.

My uncle swore a great oath that he never would marry any body else, and the young lady drew in her head, and pulled up the window. He jumped upon the box, squared his elbows, adjusted the ribands, seized the whip which lay on the roof, gave one flick to the off leader, and away went the four long-tailed, flowing-maned black horses, at fifteen good English miles an hour, with the old mail coach behind them – whew! how they tore along!

But the noise behind grew louder. The faster went the old mail, the faster came the pursuers – men, horses, dogs, were leagued in the pursuit. The noise was frightful, but above all rose the

«Was ist los?» sagte mein Onkel vom Kutschenbock herab.

«Ich möchte mit Ihnen reden», sagte die junge Dame, «nur ein Wort – nur ein Wort, Liebster!»

«Muss ich heruntersteigen?» fragte mein Onkel. Die Dame gab keine Antwort, aber sie lächelte wieder. Was für ein Lächeln, meine Herren! Es schlug das erste völlig aus dem Feld. Im Nu stieg mein Onkel von seinem Sitz herab.

«Was ist, meine Liebe?» sagte mein Onkel und sah durch das Kutschenfenster hinein. Die Dame lehnte sich im selben Augenblick gerade nach vorn, und mein Onkel dachte, sie sehe noch schöner aus als sie zuvor ausgesehen hatte. Er war ihr ihn diesem Augenblick ganz nahe, meine Herren, also musste er es wirklich wissen.

«Was ist, meine Liebe?» sagte mein Onkel.

«Wollen Sie niemals eine andere lieben als nur mich – niemals eine andere heiraten?» sagte die junge Dame.

Mein Onkel tat einen großen Schwur, dass er niemals eine andere heiraten wolle, und die junge Dame zog ihren Kopf wieder zurück und schob das Fenster hoch. Er sprang auf den Bock, machte seine Ellbogen breit, brachte die Zügel in Ordnung, ergriff die Peitsche, die auf dem Dach lag, gab dem Vorderhandpferd einen Schlag, und schon sausten die vier schwarzen Pferde mit den langen Schweifen und den wehenden Mähnen davon mit fünfzehn guten englischen Meilen die Stunde und mit der alten Postkutsche hinter sich. Hei! Wie sie dahinstürmten!

Der Lärm hinter ihnen wurde lauter. Je schneller die alte Kutsche fuhr, desto schneller kamen die Verfolger – Männer, Pferde, Hunde hatten sich für die Jagd verbündet. Der Lärm war schrecklich, aber darüber erhob sich noch

voice of the young lady, urging my uncle on, and shrieking "faster! faster!"

They whirled past the dark trees as feathers would be swept before a hurricane. Houses, gates, churches, haystacks, objects of every kind they shot by, with a velocity and noise like roaring waters suddenly let loose. But still the noise of pursuit grew louder, and still my uncle could hear the young lady wildly screaming "faster! faster!"

My uncle plied whip and rein, and the horses flew onward till they were white with foam; and yet the noise behind increased, and yet the young lady cried "faster! faster!" My uncle gave a loud stamp upon the boot in the energy of the moment, and – found that it was grey morning, and he was sitting in the wheelwright's yard on the box of an old Edinburgh mail, shivering with the cold and wet, and stamping his feet to warm them! He got down, and looked eagerly inside for the beautiful young lady – alas! there was neither door nor seat to the coach – it was a mere shell.

Of course my uncle knew very well that there was some mystery in the matter, and that everything had passed exactly as he used to relate it. He remained staunch to the great oath he had sworn to the beautiful young lady: refusing several eligible landladies on her account, and died a bachelor at last. He always said what a curious thing it was that he should have found out, by such a mere accident as his clambering over the palings, that the ghosts of mail-coaches and horses, guards, coach-

die Stimme der jungen Dame, die meinen Onkel antrieb und schrie: «Schneller! Schneller!»

Sie jagten an den dunklen Bäumen vorbei, wie Federn vor einem Orkan hergewirbelt werden. An Häusern, Toren, Kirchen, Heuhaufen, Gegenständen aller Art stoben sie vorbei mit einer Geschwindigkeit und einem Getöse wie brüllende Wasser, die plötzlich losgebrochen sind. Aber immer lauter wurde der Lärm der Verfolger und immer noch konnte mein Onkel die junge Dame hören, wie sie wild kreischte: «Schneller! Schneller!»

Mein Onkel gebrauchte Peitsche und Zügel und die Pferde flogen voran, bis sie weiß von Schaum waren; und immer noch nahm der Lärm hinter ihnen zu und immer noch schrie die junge Dame: «Schneller! Schneller!» In der Anspannung des Augenblicks stampfte mein Onkel laut auf den Kutschkasten und – merkte, dass es grauer Morgen war, und dass er im Hofe des Wagenmachers saß, auf dem Bock einer alten Edinburgh-Kutsche, zitternd von Kälte und Nässe und die Füße aufstampfend, um sie zu wärmen! Er stieg herab und sah eifrig in das Innere nach der wunderschönen jungen Dame. Aber ach, da war weder Tür noch Sitz an der Kutsche; es war nur eine leere Hülle.

Natürlich wusste mein Onkel sehr wohl, dass da irgend etwas Geheimnisvolles an der Sache war und dass alles genau so vor sich gegangen war, wie er es zu erzählen pflegte. Er blieb fest bei dem großen Eid, den er der wunderschönen jungen Dame geschworen hatte – wies ihretwegen mehrere begehrenswerte Wirtinnen ab und starb zuletzt als Junggeselle. Er sagte immer, was für eine merkwürdige Sache das doch sei, dass er durch solch einen bloßen Zufall wie das Übersteigen des Zaunes herausbekommen habe, dass die Geister der Postkutschen und Pferde, der Konduk-

men, and passengers, were in the habit of making
journeys regularly every night; he used to add that
he believed he was the only living person who
had ever been taken as a passenger on one of these
excursions; and I think he was right, gentlemen –
at least I never heard of any other.

teure, Kutscher und Reisenden regelmäßig jede Nacht auf Reisen gingen. Er fügte immer hinzu, er glaube, dass er der einzige lebende Mensch sei, der je als Passagier auf einen dieser Ausflüge mitgenommen wurde. Und ich glaube, er hatte recht, meine Herren – ich wenigstens habe nie von einem anderen gehört.

Nachwort

The Pickwick Papers ist eines der ersten großen Erfolgs-
bücher der englischen Literatur, vielleicht ihr erster «best-
seller». Seine Entstehungsgeschichte ist kaum weniger
ungewöhnlich als die spontane Begeisterung der ersten
Leser. Anfang 1836 lud der Londoner Verleger Hall den
23-jährigen Autor, der bisher nur durch eine Reihe lebhaf-
ter journalistischer Skizzen in Erscheinung getreten war,
ein, Texte zu einer Serie von Stichen des bekannten Illu-
strators Robert Symour beizutragen. Geplant waren humo-
ristische Episoden aus den Aktivitäten eines fiktiven Clubs
sportbegeisterter Herren. Monatlich sollten vier Stiche und
anderthalb Bogen Text (24 Seiten) erscheinen. Dickens wil-
ligte ein, schlug aber mit selbstbewusster Unbefangenheit
vor, die Bilder sollten aus den Texten wachsen, nicht um-
gekehrt. Außerdem behielt er sich eine Änderung des Ge-
genstandes vor, da er kein Fachmann auf dem Gebiet des
Sports sei. Die erste Nummer, in der der Pickwick Club
vorgestellt wurde, erschien am 31. März 1836 in einer Auflage von 400 Exemplaren. Während der Arbeit an der zweiten Nummer beging der offensichtlich depressive Robert
Seymour Selbstmord; nach einigen hastigen Versuchen
mit verschiedenen Bewerbern wurde der Zeichner Hablot
Brown als Nachfolger gewonnen, der unter dem Namen
«Phiz» von da an die Mehrzahl von Dickens' Romanen
illustrierte. Bemerkenswert war, dass der junge Autor den
Verlag dazu bewegte, die Serie unter deutlich veränderten
Bedingungen fortzuführen. Künftig betrug der Textumfang
zwei Bogen (32 Seiten), und die monatlichen Nummern
enthielten nur mehr zwei Tafeln. Auch inhaltlich befreite

sich der Autor von wesentlichen Vorgaben des Verlags; er entwickelte aus den ersten konventionellen Skizzen eine zusammenhängende Erzählung, die, vor allem seit der Einführung von Sam Weller, Mister Pickwicks ebenso verlässlichem wie unerschütterlich einfallsreichem Diener in der vierten Nummer, zu einem dramatischen Anstieg der Verkaufszahlen führte, der sich zu einer wahren Massenbegeisterung auswuchs. Beim Erreichen der letzten, zwanzigsten Nummer betrug die Auflage 40.000, und der junge Dickens war zum bekanntesten und begehrtesten Autor Englands geworden. Vom gleichen Jahr an erschienen immer neue Buchausgaben, Dramatisierungen, Nachahmungen, sowie eine Unzahl von «Devotionalien», deren Produktion bis in unsere Tage nicht abgerissen ist. Weihnachtskarten mit Mr. Pickwick haben wohl seither in keiner Saison gefehlt.

Die Beliebtheit und Verbreitung der *Pickwick Papers* hat sicher viele und verschiedenartige Gründe, von der in dieser Form neuen Erscheinungsweise über die verbesserten Techniken der Herstellung und des Vertriebs bis hin zu einer deutlichen Verbreiterung der Leserschichten. In erster Linie sind es aber die literarischen Qualitäten des Werkes, die unmittelbar ansprachen und ganz offensichtlich eine gesellschaftliche Grundstimmung trafen.

Obwohl das Buch in vielem die Tradition der Dickens seit seiner Kindheit vertrauten englischen Romane des 18. Jahrhunderts, vor allem Henry Fieldings und Tobias Smolletts aufnimmt, spiegelt es im ganzen doch die Zeit um den Regierungsantritt der Königin Viktoria. Mr. Pickwick, der Held des Buches, begabt mit Muße, finanzieller Unabhängigkeit und einem arglos guten Herzen, lernt in Gesellschaft dreier Freunde und seines loyalen Dieners

Sam Weller die englische Gesellschaft seiner Zeit kennen, vor allem auch manche Kreise, von denen er bisher wenig wusste. In Wirtshäusern, Amtsstuben, Postkutschen und sogar im Schuldgefängnis macht er Bekanntschaften, die seine gutgläubige Menschenfreundlichkeit auf harten Proben stellen; doch immer wieder sind Aufrichtigkeit, Menschenvertrauen und wohltätige Güte mächtiger als eigennützige Hinterhältigkeit, wie sie ihm so oft begegnet.

Der Erfahrungshorizont Pickwicks und des Lesers wird vielfältig erweitert durch eine Reihe eingestreuter Erzählungen, die Pickwick auf seinen Reisen zu hören bekommt. Die zwei hier ausgewählten Geschichten werden von einem Handelsreisenden, einer zufälligen Reisebekanntschaft erzählt. Sie bieten einen Blick in die vorausgegangene Generation, deren herzhafte gesellige Vitalität enthusiastisch verklärt wird. Tom Smarts phantastisches Wirtshauserlebnis wirft einen märchenhaften Glanz auf seine einträgliche Ehe, während in der zweiten Geschichte der Onkel des Erzählers sein Junggesellendasein mit einer romantischen, aus dem Punschrausch geborenen Traumvision begründet, wobei er noch weiter in eine Vergangenheit melodramatischer Abenteuerromane zurückgreift. Die lebendige Schilderung einer guten alten Zeit heroischer Trinkgelage und überaus biederer Galanterie traf offensichtlich zielsicher den Geschmack eines Lesepublikums, dessen Alltagswirklichkeit ganz anders aussah, für das aber die Vorstellung des «merry old England» und «the old coaching days» (die alte Postkutschenzeit) schon zu einem patriotischen Mythos geworden war, der seine Lebenskraft bis in unsere Tage nicht eingebüßt hat.

Zeittafel

1843	*A Christmas Carol. In Prose* erscheint, die erste der nun fast alljährlich erscheinenden Weihnachtsgeschichten
1843–44	*The Life and Adventures of Martin Chuzzlewit* erscheint in monatlichen Fortsetzungen und anschließend in Buchform wie auch die meisten der folgenden Romane
1844–45	Erster längerer Aufenthalt in Italien
1846–48	*Dombey and Son*
1849–50	*The Personal History of David Copperfield*
1850–59	Die von Dickens herausgegebene wöchentliche Zeitschrift *Household Words* erscheint
1852–53	*Bleak House*
1853	Erste öffentliche Lesungen bei Wohltätigkeitsveranstaltungen in Birmingham
1854	*Hard Times* erscheint in wöchentlichen Fortsetzung in *Household Words*
1855–57	*Little Dorritt*
1857	Dickens bezieht Gad's Hill Place bei Rochester, wo er bis zu seinem Tode wohnt.
1858	Erste Lesung in London. Trennung von Catherine Dickens. In den folgenden Jahren zahlreiche Lesungen in vielen Städten, zunächst vor allem *The Christmas Carol*, später aus mehreren Romanen und Erzählungen
1859	Beginnt neue Zeitschrift *All the Year Round*, wo *A Tale of Two Cities* in wöchentlichen Fortsetzungen erscheint.
1860–61	*Great Expectations* erscheint in *All the Year Round*
1864–65	*Our Mutual Friend*, der letzte vollendete Roman erscheint in monatlichen Fortsetzungen. 30.000

Exemplare der ersten Nummer in den ersten
drei Tagen verkauft.

1867–68   Zweite Reise durch die Vereinigten Staaten, mit
76 öffentlichen Lesungen aus seinen Werken

1869   Nach 74 Lesungen in England, Schottland und
Irland muss Dickens eine Tour abbrechen, bei
der «Sikes and Nancy» aus *Oliver Twist* beson-
deren Eindruck gemacht hatte

1870   Abschiedslesung in London. *The Mystery of
Edwin Drood* beginnt zu erscheinen. Nur sechs
Fortsetzungen geschrieben. Dickens stirbt am
9. Juni an Gehirnschlag und wird in der West-
minster Abbey beigesetzt

1872–74   John Forsters *Life of Dickens* erscheint

A: Was haben Charles Dickens und Agatha Christie gemeinsam?

B: Hm?

A: Beide sind ausgezeichnete Erzähler. Beide sind Briten.

B: Na hören Sie mal! Der eine ist Erzähler und Brite, die
andere ist Erzählerin und Britin.

A: Ei freilich. Aber ausgezeichnet sind sie beide, oder?

B: Na schön.

A: Und noch etwas haben sie gemeinsam!

B: Hm?

A: Von jedem der beiden gibt es einen Band in der Reihe
dtv zweisprachig (Agatha Christie: dtv 9118).

Weitere ausgezeichnete britische Erzähler und Erzählerin-
nen mit je einem eigenen Band in der Reihe:

J. R. R. Tolkien: Farmer Giles of Ham / Bauer Giles von
Ham. dtv 9383

Oscar Wilde: The Canterville Ghost / Das Gespenst von
Canterville. dtv 9110

Lewis Carroll: Alice in Wonderland / Alice im Wunderland.
dtv 9244

Jane Austen: «By a Lady» / Jane-Austen-Lesebuch. dtv 9410

Virginia Woolf: Mrs. Dalloway in Bond Street and other
stories / Mrs. Dalloway in der Bond Street und andere
Erzählungen. dtv 9304

George Gissing: Of Human Odds and Ends / Was so alles
geschieht. dtv 9394

Robert L. Stevenson: The Strange Case of Dr. Jekyll and
Mr. Hyde / Der seltsame Fall von Dr. Jekyll und Mr.
Hyde. dtv 9200

Arthur Conan Doyle: Four Penny Shockers / Vier kurze
  Krimis. dtv 9235

und viele mit einer einzelnen Erzählung in einem der
Sammelbände:
Tickets please! British Short Stories / Fahrscheine, bitte!
  Englische Kurzgeschichten. H. E. Bates, E. M. Forster,
  Aldous Huxley, D. H. Lawrence, Katherine Mansfield,
  W. Somerset Maugham, V. S. Pritchett, Saki, Woolf.
  dtv 9363
Dreams of Dead Women's Handbags / Handtaschenträume.
  Erzählungen britischer Autorinnen. Virginia Woolf, Jean
  Rhys, Elizabeth Bowen, Muriel Spark, Elizabeth Taylor,
  Ruth Rendell, Jane Garam, Shena Mackay. dtv 9392
Contemporary British Short Stories / Englische Kurz-
  geschichten. Julian Barnes, A. S. Byatt, Angela Carter,
  Kazuo Ishiguro, Penelope Lively, Salman Rushdie, Helen
  Simpson, Graham Swift, Jonathan Treitel, Fay Weldon.
  dtv 9359
Higher Standards. British Short Stories / Höhere Ansprüche.
  Englische Kurzgeschichten. Elizabeth Bowen, Graham
  Greene, Doris Lessing, Jean Rhys, Alan Sillitoe, Muriel
  Spark, Dylan Thomas, John Wain, Angus Wilson. dtv 9374
From Jane Austen to Virginia Woolf / Englische Autorinnen,
  romantisch, realistisch, ironisch. Jane Austen, Elizabeth
  Gaskell, Charlotte Brontë, Emily Brontë, George Eliot,
  Virginia Woolf, Katherine Mansfield. dtv 9332

Auf Wunsch schickt Ihnen der Verlag gern ein vollständiges
Verzeichnis der Reihe dtv zweisprachig.
Deutscher Taschenbuch Verlag
Friedrichstraße 1a, 80801 München